“十四五”职业教育国家规划教材

中等职业教育会计专业系列教材

Kuaiji Shiwu Caozuo

会计实务操作

（第三版）

林敏莉／主　编
卢　景／副主编

东北财经大学出版社
Dongbei University of Finance & Economics Press
大连

图书在版编目（CIP）数据

会计实务操作 / 林敏莉主编．—3版．—大连：东北财经大学出版社，2022.9（2024.7重印）
（中等职业教育会计专业系列教材）
ISBN 978-7-5654-4617-7

Ⅰ.会…　Ⅱ.林…　Ⅲ.会计实务-中等专业学校-教材　Ⅳ.F233

中国版本图书馆CIP数据核字（2022）第139184号

东北财经大学出版社出版
（大连市黑石礁尖山街217号　邮政编码　116025）
网　址：http://www.dufep.cn
读者信箱：dufep@dufe.edu.cn

大连东泰彩印技术开发有限公司印刷　东北财经大学出版社发行

幅面尺寸：185mm×260mm　字数：185千字　印张：14.25
2022年9月第3版　2024年7月第2次印刷

责任编辑：周　欢　责任校对：郭海雷
封面设计：冀贵收　版式设计：原　皓

定价：32.00元

教学支持　售后服务　联系电话：（0411）84710309

如有印装质量问题，请联系营销部：（0411）84710711

第三版前言

党的二十大已经胜利召开，党的二十大报告里提到“培养造就大批德才兼备的高素质人才，是国家和民族长远发展大计。”我们中职学校也要紧跟国家深入实施人才强国的战略，加快建设国家战略人才力量，努力培养造就适应新时代的高技能人才，用好用活各类人才。随着人工智能、云财务等新兴科技的发展和时代的变迁，现代企业对人才衡量的标准，不仅体现在要求其专业知识、业务素养过硬，还要求他们顺应政策、时代的发展去提升各种技能。编者旨在从中等职业教育的培养目标出发，面向企业工作岗位，基于会计真实的工作过程，以岗位职业能力为核心，注重对学生知识应用和动手能力的培养。

本书第二版出版后，由教育部审定通过，被评为“十三五”职业教育国家规划教材。之后，在重印过程中，依据《小企业会计准则》和新税制的相关要求，针对小企业的实际情况和教学需要，做了有效的、及时的、实用的修改，并在每一部分之后加入了“思政内容”。经修订后的第三版，又被评为“十四五”职业教育国家规划教材，本书具有如下特点：

1.案例贴近实际，理实一体化。以一家小型制造业企业1个月的经营活动为主线组织实训教学，业务内容遍及小企业会计业务中的典型工作任务，按实际工作流程开展，可同步进行会计手工记账和会计电算化做账，让学生从两方面来掌握企业经济业务的处理，做中学、做中教，提高其对企业会计工作和财务软件整体结构的认识，提高会计实践能力和专业判断能力。

2.结构合理，方式灵活。整个实训案例资料分七个部分。第一部分是企业情况，主要说明企业的基本情况、业务处理流程、采用的会计政策和核算方法。第二部分是会计手工实习要求，可设置出纳岗、会计A岗、会计B岗、会计主管岗4个实习岗位进行分岗实习或者通岗实习。第三部分是经济业务，以真实的业务单据描述企业1个月的经济业务。第四部分是会计电算化实习要求，可设置账套主管岗、会计岗、出纳岗进行轮岗实习或者通岗实习。第五部分是会计电算化资料，以畅捷通T3（营改增版）财务软件为载体进行操作，题目呈现形式与全国会计技能大赛的会计电算化项目一致。第六部分是会计电算化业务操作指引，对有难度的部分给出操作提示。第七部分是支票、账页和表格，配备了实训过程中需要用到的空白支票、日记账、多栏式明细账、科目汇总表、试算平衡表、纳税申报表、资产负债表和利润表等资料。

本书由广州市财经商贸职业学校林敏莉老师担任主编，卢景老师担任副主编。林敏莉老师有着多年会计技能竞赛集训队的执教经验，多次被评为广东省、广州市会计技能竞赛优秀指导教师，辅导学生参加2012年全国中职会计技能大赛会计电算化项目获得第一名的优异成绩；卢景老师具有多年丰富的教学经验，教学成果丰富，主编、参编了国家级教材多部。在编写过程中，得到了广州珠江美乐多饮品（香港）有限公司执行董事刘婉玲小姐及财务部苏智武先生、广州市汇朗信息技术有限公司的大力协助；在修订过程中，还得到了南京司书软件系统有限公司总经理曾健先生的大力支持，他作为企业技术领域的专家深度参与了教材配套信息化资源的建设工作，为教材的更新升级提供了有力的保障，在此一并表示诚挚的感谢！

由于编者水平有限，书中不足之处在所难免，敬请读者朋友批评指正。

编 者

2024年6月

目 录

目 录

第一部分

企业情况

一、企业基本情况

企业基本情况见表1-1。

表1-1　　企业基本情况

企业名称	广州市美味饮品有限公司
住址、邮编	广州市友谊路68号，510000
电　话	020-83547890
法定代表人	陈伟贤
会计主管	汤颖妍
会　计	陈泽君
出纳	潘鸿杰（身份证号码：440203198805232345，发证机关：广州市华乐公安分局）
统一社会信用代码	440103456789111345
开户银行、账号	中国银行广州友谊支行，22233388
银行预留印鉴	广州市美味饮品有限公司财务专用章　陈伟贤印
主营业务	生产、销售乳酸饮料
生产组织	基本生产车间1个，生产活性和灭菌两种乳酸饮料

二、企业的业务处理流程

企业的业务处理流程，如图1-1所示。

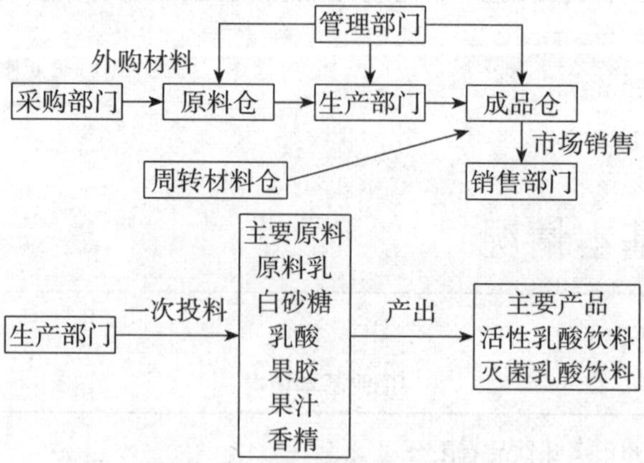

图1-1 企业的业务处理流程

三、企业采用的会计政策和核算方法

企业执行《小企业会计准则》、《会计基础工作规范》及最新税法规定。企业经广州市税务局认定为增值税一般纳税人企业，全面推行“营改增”，增值税税率13%；经广州市税务局核定城市维护建设税税率7%、教育费附加费征收率3%、企业所得税税率25%（企业所得税实行查账征收，按季预缴，年终汇算清缴）。

会计工作环境

（一）存货收发核算

1.原材料收发采用实际成本核算。

（1）根据材料验收入库凭证，逐笔编制记账凭证，进行材料的购入核算，同时登记原材料明细账。

（2）月末根据“领料单”编制“发出材料汇总表”，再据此编制记账凭证，集中进行材料发出的核算（采用月末一次加权平均法，先计算发出材料成本，后计算结存材料成本，分配率保留4位小数，单位成本保留2位小数）。

2.周转材料收发采用实际成本核算。

周转材料中，200ml塑料杯用于包装活性乳酸饮料，200ml利乐盒用于包装灭菌乳酸饮料，乳酸饮料按一排5瓶（盒）、一箱20排进行包装。周转材料的发出采用一次转销法，同时登记周转材料明细账。

3.库存商品收发采用实际成本核算。

（1）月末根据平时“产成品入库单”记录汇总编制“完工产品汇总计算表”。

（2）月末根据平时“销售出库单”记录汇总编制“销售产品计算表”，采用月末一次加权平均法计算并结转产品销售成本。

（二）成本费用核算

1.产品成本核算。

采用品种法计算产品成本，按“活性乳酸饮料”和“灭菌乳酸饮料”设置成本明细账，成本项目设“直接材料”“直接人工”“制造费用”三项专栏。生产用材料全部外购，月末按产品生产工时比例分配制造费用，采用“约当产量法”计算完工产品成本和在产品成本。

2.工资、福利费、社保费用和住房公积金核算。

企业的工资核算采用本月底计算分配、下月初再发放的方式，职工福利费据实列支。由企业承担并交纳的职工基本养老保险、基本医疗保险、失业保险、工伤保险、住房公积金分别按上年平均工资总额（月缴费工资）的14%、6.5%、0.64%、0.5%、12%提取；个人承担的职工养老保险、医疗保险、失业保险、住房公积金分别按上年平均工资总额（月缴费工资）的8%、2%、0.2%、10%提取。

3.费用核算。

固定资产采用平均年限法按月计提折旧。

4.无形资产摊销。

无形资产分为专利权和非专利技术，为2022年1月购进，摊销期限10年。

四、会计科目及期初余额表

会计科目及期初余额表，见表1-2。

表1-2　　会计科目及期初余额表

科目代码	总账	明细账	账页格式	方向	金额（元）	备注
1001	库存现金		金额式	借	2 000.00	日记账/银行账
1002	银行存款		金额式	借	953 320.83	日记账/银行账
100201		中国银行	金额式	借	953 320.83	日记账/银行账
1121	应收票据		金额式	借		会计电算化设置：客户往来
1122	应收账款		金额式	借	1 000.00	明细：实惠多有限公司 会计电算化设置：客户往来，受控“应收”
1123	预付账款		金额式	借		会计电算化设置：供应商往来，受控“应付”
1221	其他应收款		金额式	借	2 530.00	
122101		个人借款	金额式	借		会计电算化设置：个人往来

续表

科目代码	总账	明细账	账页格式	方向	金额（元）	备注
122102		基本养老保险	金额式	借	1 800.00	
122103		失业保险	金额式	借	500.00	
122104		基本医疗保险	金额式	借	230.00	
1402	在途物资		金额式	借		
1403	原材料		金额式	借	325 600.00	
140301		原料乳	数量金额式	借	3 600.00	2吨，1 800元/吨
140302		白砂糖	数量金额式	借	10 000.00	5吨，2 000元/吨
140303		乳酸	数量金额式	借	45 000.00	3吨，15 000元/吨
140304		果胶	数量金额式	借	160 000.00	1.6吨，100 000元/吨
140305		果汁	数量金额式	借	2 000.00	1吨，2 000元/吨
140306		香精	数量金额式	借	105 000.00	1.5吨，70 000元/吨
1405	库存商品		金额式	借	105 000.00	
140501		活性乳酸饮料	数量金额式	借	45 000.00	30 000瓶，1.50元/瓶
140502		灭菌乳酸饮料	数量金额式	借	60 000.00	30 000盒，2元/盒
1411	周转材料		金额式	借	30 400.00	
141101		200ml塑料杯	数量金额式	借	12 000.00	80 000个，0.15元/个
141102		200ml利乐盒	数量金额式	借	16 000.00	80 000个，0.20元/个
141103		纸箱	数量金额式	借	2 400.00	4 000个，0.60元/个
1601	固定资产		金额式	借	3 500 700.00	
1602	累计折旧		金额式	贷	911 910.83	
1605	工程物资		金额式	借	117 000.00	
1701	无形资产		金额式	借	120 000.00	
170101		专利权	金额式	借	90 000.00	
170102		非专利技术	金额式	借	30 000.00	
1702	累计摊销		金额式	贷	14 000.00	
2201	应付票据		金额式	贷	80 000.00	明细：新业有限公司 会计电算化设置：供应商往来，不受控

续表

科目代码	总账	明细账	账页格式	方向	金额（元）	备注
2202	应付账款		金额式	贷	1 650.00	
220201		应付款	金额式	贷		会计电算化设置：供应商往来，受控“应付”
220202		暂估款	金额式	贷	1 650.00	明细：君妍有限公司 会计电算化设置：供应商往来，不受控
2203	预收账款		金额式	贷		会计电算化设置：客户往来，受控“应收”
2211	应付职工薪酬		金额式	贷	28 000.00	
221101		应付职工工资	金额式	贷	28 000.00	
221102		应付职工福利	金额式	贷		
221103		应付社会保险费	金额式	贷		
221104		非货币性福利	金额式	贷		
221105		应付住房公积金	金额式	贷		
2221	应交税费		金额式	贷	115 330.00	
222101		应交增值税	多栏式	贷	49 200.00	
22210101		进项税额		贷		
22210102		销项税额		贷	49 200.00	
22210103		进项税额转出		贷		
22210104		已交税金		贷		
222102		应交消费税	金额式	贷		
222103		应交城市维护建设税	金额式	贷	3 444.00	
222104		应交教育费附加	金额式	贷	1 476.00	
222105		应交企业所得税	金额式	贷	61 210.00	
222106		应交个人所得税	金额式	贷		
2241	其他应付款		金额式	贷		
224101		住房公积金	金额式	贷		
3001	实收资本		金额式	贷	3 412 000.00	

续表

科目代码	总账	明细账	账页格式	方向	金额（元）	备注
3002	资本公积		金额式	贷		
3101	盈余公积		金额式	贷		
310101		法定盈余公积	金额式	贷		
310102		任意盈余公积	金额式	贷		
3103	本年利润		金额式	贷	603 560.00	
3104	利润分配		金额式	贷		
310401		未分配利润	金额式	贷		
310402		提取法定盈余公积	金额式	贷		
310403		提取任意盈余公积	金额式	贷		
310404		应付利润	金额式	贷		
4001	生产成本		金额式	借	8 900.00	
400101		活性乳酸饮料	多栏式	借	5 005.00	
40010101		直接材料		借	2 930.00	
40010102		直接人工		借	1 150.00	
40010103		制造费用		借	925.00	
400102		灭菌乳酸饮料	多栏式	借	3 895.00	
40010201		直接材料		借	2 250.00	
40010202		直接人工		借	910.00	
40010203		制造费用		借	735.00	
4101	制造费用		多栏式	借		
5001	主营业务收入		金额式	贷		
500101		活性乳酸饮料	金额式	贷		
500102		灭菌乳酸饮料	金额式	贷		
5051	其他业务收入		金额式	贷		
5301	营业外收入		金额式	贷		
5401	主营业务成本		金额式	借		

续表

科目代码	总账	明细账	账页格式	方向	金额（元）	备注
540101		活性乳酸饮料	金额式	借		
540102		灭菌乳酸饮料	金额式	借		
5402	其他业务成本		金额式	借		
5403	税金及附加		金额式	借		
5601	销售费用		多栏式	借		
5602	管理费用		多栏式	借		
5603	财务费用		多栏式	借		
5711	营业外支出		金额式	借		
5801	所得税费用		金额式	借		

最新修订的《会计基础工作规范》，是我们会计工作的操作准则，作为一名会计人，你了解相关的几个法律法规和管理办法吗？一起来看看吧！

（1）为了加强会计基础工作，建立规范的会计工作秩序，提高会计工作水平，根据《中华人民共和国会计法》的有关规定，制定《会计基础工作规范》。

（2）没有设置会计机构或者配备会计人员的单位，应当根据《代理记账管理办法》的规定，委托会计师事务所或者持有代理记账许可证书的代理记账机构进行代理记账。

（3）总会计师的任命（聘任）、免职（解聘）依照《总会计师条例》和有关法律的规定办理。

（4）会计档案建档要求、保管期限、销毁办法等依据《会计档案管理办法》的规定进行。

● 五、企业对财务人员的要求

最新的党代会提到了要“弘扬诚信文化，健全诚信建设长效机制”，而且财务工作是一项严谨细致的工作，对一切数据都要有认真负责的态度，要有一丝不苟、精益求精的追求，一定要注意数据的准确性和正确性。财务人员要做到：

诚实守信、廉洁自律、不做假账、

遵纪守法、求真务实、客观公正、

爱岗敬业、勤勉尽责、提升服务

如果你想了解更多，请扫二维码看完整版的《会计基础工作规范》。

第一部分思政内容

［《会计基础工作规范》（2019年修订）］

第二部分

会计手工实习要求

一、岗位职责

设置出纳岗、会计A岗、会计B岗、会计主管岗4个实习岗位。

（一）出纳岗

1.根据期初资料，开设库存现金日记账和银行存款日记账并登记账户期初余额。

2.收付款业务原始凭证转入“出纳岗”办理收付款业务，签发支票，对收到的支票进行背书，交银行。在收付款业务记账凭证上，加盖出纳私章。

3.根据收付款业务的记账凭证及附件，逐笔逐日登记库存现金日记账和银行存款日记账，并进行日结。

4.月末对库存现金日记账、银行存款日记账进行结账。

（二）会计A岗

1.审核原始凭证，根据原始凭证编制记账凭证，加盖制证人私章。

2.根据记账凭证及附件逐笔登记明细分类账。

3.月末登记明细账并进行结账。

（三）会计B岗

1.根据期初资料，开设账户（总账及明细账）并登记账户期初余额。

2.根据记账凭证（1—15日、16—31日），汇总该期间各科目发生额，编制科目汇总表。

3.根据科目汇总表登记总账。

4.月末进行结账。

5.编制总账科目余额试算平衡表，进行余额试算平衡。

6.填写记账凭证封面，整理并装订记账凭证。

（四）会计主管岗

1.审核记账凭证，加盖审核人私章。

2.根据总账、日记账、明细账等资料，编制资产负债表、利润表。

3.根据总账、明细账等资料，完成增值税纳税申报表的填报。

● 二、分岗实习

每4人为1个实习小组，实习小组内设上述出纳岗、会计A岗、会计B岗、会计主管岗4个岗位。实习小组各成员独立完成记账凭证编制，经小组讨论、复核后（在记账凭证上加盖复核人私章，发现记账凭证编制错误当即予以更正），选定其中一套记账凭证及其附件作为记账轮岗资料，轮流扮演出纳岗、会计岗、会计主管岗角色，进行轮岗流水作业，并选定一套轮岗方式下独立完成的记账凭证、日记账、明细账、总账、会计报表、纳税申报表等，作为小组实习作业上交评分，另外两套实习作业也必须上交作为评分参考。

财会部门
岗位分工

● 三、通岗实习

由1人按操作程序完成出纳岗、会计岗、会计主管岗等岗位工作职责。实习结束时上交：记账凭证、日记账、明细账、总账、会计报表、纳税申报表等。

作为一名会计事务专业的学生，参加入学教育的时候一定有听到“诚信为本，操守为重，坚持原则，不做假账”这句话，那你还了解过会计工作的相关名言名句吗？比如说“清清白白做人，干干净净做事”“廉洁是为人之本，廉洁乃做人之基，廉洁是修身之道，廉洁乃正身之旗”等，如果你还想了解更多，欢迎扫二维码看《会计的格言名句》。

第二部分思政内容
（会计的格言名句）

第三部分

经济业务

1.1日，从银行提取现金6 000元。(出纳填写支票)

2.1日，向万佳有限公司销售活性乳酸饮料和灭菌乳酸饮料，货已全部发出，暂时收到50%的货款，相关业务单据见表3-1至表3-5。

表3-1

广东增值税专用发票

440000041140　　　　此联不作报销、扣税凭证使用　　　　NO 12100001

开票日期：2022年03月01日

购买方	名　　称：万佳有限公司 纳税人识别号：440103668724690123 地 址 、电 话：广州市爱国路10号 020-83542668 开户行及账号：工行爱国支行 36542234	密码区	(略)

货物或应税劳务、服务名称	规格型号	单位	数量	单价	金额	税率	税额
*软饮料*活性乳酸饮料		瓶	8 000	3.00	24 000.00	13%	3 120.00
*软饮料*灭菌乳酸饮料		盒	5 000	3.50	17 500.00	13%	2 275.00
合计					￥41 500.00		￥5 395.00
价税合计(大写)	⊗肆万陆仟捌佰玖拾伍元整					(小写)	￥46 895.00

销售方	名　　称：广州市美味饮品有限公司 纳税人识别号：440103456789111345 地 址 、电 话：广州市友谊路68号 020-83547890 开户行及账号：中行友谊支行 22233388	备注	

收款人：潘鸿杰　　复核：翁小莉　　开票人：余芳婷　　销售方：(章)

第一联　记账联　销售方记账凭证

表3-2

销售出库单

发货仓库：成品仓　　　　　　　　　　　　　　　　　　　第1号

用途：销售　　　　　　　2022年3月1日　　　　　　　　金额单位：元

名称	编号	规格	单位	应发数量	实发数量	单位成本	金额
活性乳酸饮料			瓶	8 000	8 000		
灭菌乳酸饮料			盒	5 000	5 000		
备注：							

第三联 财务记账

复核：胡嘉欣　　　　经手：陈运瑜

表3-3

支票正面

中国工商银行 **支票**　　　　　　　　　　　　　　03601130

22300133

付款期限自出票之日起十天

出票日期（大写）贰零贰贰 年 叁 月 零壹 日　　　　付款行名称：工行爱国支行

收款人：广州市美味饮品有限公司　　　　　　　　出票人账号：36542234

人民币（大写）	亿	千	百	十	万	千	百	十	元	角	分
贰万叁仟肆佰肆拾柒元伍角整				¥	2	3	4	4	7	5	0

用途 货款　　　　　　　　　　　　　　　　　密码＿＿＿＿＿＿

上列款项请从　　　　　　　　　　　　　　　行号＿＿＿＿＿＿

我账户内支付

出票人签章　万佳有限公司财务专用章　大同印方　　　　复核　　记账

表3-4

支票反面

附加信息：	被背书人	被背书人
	背书人签章 年 月 日	背书人签章 年 月 日

（粘贴单处）

表3-5

中国银行进账单　　（回 单）　1

年　月　日　　　　XV 16379123

付款人	全　称		收款人	全　称	
	账　号			账　号	
	开户银行			开户银行	

金额	人民币（大写）	亿	千	百	十	万	千	百	十	元	角	分

票据种类		票据张数		交给银行后视为已盖章
票据号码				
复核　记账				

此联是开户银行交给持（出）票人的回单

3.1日，销售部余芳婷预支差旅费，相关业务单据见表3-6。

表3-6

借　支　单

2022年3月1日

借款人姓名	余芳婷	借款金额	人民币　零万肆仟零佰零拾零元零角零分
借款事由	参加产品销售会。	主管审批意见	同意 汤颖妍 2022年3月1日
还款计划	现金付讫		批准金额：￥4 000.00
			签收：余芳婷

4.2日，收到上月向君妍有限公司购买原料乳的增值税专用发票，原料乳上月末已入库，货款未付，相关业务单据见表3-7和表3-8。（提示：暂估数据可参考期初余额；会计电算化设置中，企业对暂估业务采用单到回冲方式）

表3-7

广东增值税专用发票

全国统一发票监制章 国家税务总局 广东省税务局

440000041140　　发　票　联　　NO 22100001

开票日期：2022年03月02日

购买方		密码区	
	名　　　称：广州市美味饮品有限公司 纳税人识别号：440103456789111345 地 址 、电 话：广州市友谊路68号020-83547890 开户行及账号：中行友谊支行 22233388		（略）

货物或应税劳务、服务名称	规格型号	单位	数量	单价	金额	税率	税额
*食品用原料*原料乳		吨	1	1 650.00	1 650.00	13%	214.50
合计					￥1 650.00		￥214.50
价税合计（大写）	⊗壹仟捌佰陆拾肆元伍角整					（小写）	￥1 864.50

销售方		备注
	名　　　称：君妍有限公司 纳税人识别号：440103678945828789 地 址 、电 话：广州市宝顺路43号020-83776605 开户行及账号：工行宝顺支行 38476937	君妍有限公司 440103678945828789 发票专用章

收款人：董厚林　　复核：孙静　　开票人：袁枚　　销售方：（章）

第三联　发票联　购买方记账凭证

表3-8

广东增值税专用发票

全国统一发票监制章 国家税务总局 广东省税务局

440000041140　　抵　扣　联　　NO 22100001

开票日期：2022年03月02日

购买方		密码区	
	名　　　称：广州市美味饮品有限公司 纳税人识别号：440103456789111345 地 址 、电 话：广州市友谊路68号020-83547890 开户行及账号：中行友谊支行 22233388		（略）

货物或应税劳务、服务名称	规格型号	单位	数量	单价	金额	税率	税额
*食品用原料*原料乳		吨	1	1 650.00	1 650.00	13%	214.50
合计					￥1 650.00		￥214.50
价税合计（大写）	⊗壹仟捌佰陆拾肆元伍角整					（小写）	￥1 864.50

销售方		备注
	名　　　称：君妍有限公司 纳税人识别号：440103678945828789 地 址 、电 话：广州市宝顺路43号020-83776605 开户行及账号：工行宝顺支行 38476937	君妍有限公司 440103678945828789 发票专用章

收款人：董厚林　　复核：孙静　　开票人：袁枚　　销售方：（章）

第二联　抵扣联　购买方扣税凭证

5.3日，请广告公司制作一则招聘广告，用于招聘行政助理，用现金支付该项费用，相关业务单据见表3-9至表3-11。

表3-9

广东增值税专用发票

国家税务总局 广东省税务局 监制

发 票 联

440000047030　　NO 05665791

开票日期：2022年03月03日

购买方	名　　称：广州市美味饮品有限公司 纳税人识别号：440103456789111345 地 址 、电 话：广州市友谊路68号020-83547890 开户行及账号：中行友谊支行 22233388					密码区	（略）
货物或应税劳务、服务名称	规格型号	单位	数量	单价	金额	税率	税额
*印刷品*广告牌		块	1	200.00	200.00	6%	12.00
合计					￥200.00		￥12.00
价税合计（大写）	⊗贰佰壹拾贰元整				（小写）￥212.00		
销售方	名　　称：广州市凌彩广告有限公司 纳税人识别号：440103741289146789 地 址 、电 话：广州市天河路28号020-81203166 开户行及账号：工行天河支行 88776921					备注	广州市凌彩广告有限公司 440103741289146789 发票专用章

收款人：林晓梦　　复核：欧阳静　　开票人：李杰　　销售方：（章）

第三联 发票联 购买方记账凭证

表3-10

广东增值税专用发票

国家税务总局 广东省税务局 监制

抵 扣 联

440000047030　　NO 05665791

开票日期：2022年03月03日

购买方	名　　称：广州市美味饮品有限公司 纳税人识别号：440103456789111345 地 址 、电 话：广州市友谊路68号020-83547890 开户行及账号：中行友谊支行 22233388					密码区	（略）
货物或应税劳务、服务名称	规格型号	单位	数量	单价	金额	税率	税额
*印刷品*广告牌		块	1	200.00	200.00	6%	12.00
合计					￥200.00		￥12.00
价税合计（大写）	⊗贰佰壹拾贰元整				（小写）￥212.00		
销售方	名　　称：广州市凌彩广告有限公司 纳税人识别号：440103741289146789 地 址 、电 话：广州市天河路28号020-81203166 开户行及账号：工行天河支行 88776921					备注	广州市凌彩广告有限公司 440103741289146789 发票专用章

收款人：林晓梦　　复核：欧阳静　　开票人：李杰　　销售方：（章）

第二联 抵扣联 购买方扣税凭证

表3-11

支出凭单

附件1张　　2022年3月3日　　第1号

支出项目	金额						
	万	千	百	十	元	角	分
广告牌一块制作费			2	1	2	0	0
现金付讫							
小　计		¥	2	1	2	0	0
合计（大写）人民币零万零仟贰佰壹拾贰元零角零分							

审批：陈伟贤　　出纳：潘鸿杰　　会计：陈泽君　　经手人：余芳婷

6.4日，开立异地采购专户，用于采购材料，相关业务单据见表3-12。

表3-12

中国银行　电汇凭证　（回单）　1

2022年3月4日　　XV 16479778

付款人	全　称	广州市美味饮品有限公司	收款人	全　称	广州市美味饮品有限公司
	账　号	22233388		账　号	1188226633
	汇出地点	广东省广州市		汇入地点	广东省佛山市
汇出行名称		中行友谊支行	汇入行名称		中行佛山支行
金额	人民币（大写）	叁仟元整			亿 千 百 十 万 千 百 十 元 角 分 ¥ 3 0 0 0 0 0 (¥ under 万; 3 0 0 0 0 0 under 千 百 十 元 角 分)
支付密码		7216281	交给银行后视为已盖章		
附加信息及用途		开设采购专户			
复核　记账					

此联是汇出行给汇款人的回单

7.5日，向好又多有限公司销售乳酸饮料，由于促销活动给予10%的商业折扣，同时以现金代垫运费，货款尚未收到，相关业务单据见表3-13至表3-17。

表3-13　**购销合同**

卖方：广州市美味饮品有限公司　合同编号：P0810

买方：好又多有限公司

为保护买卖双方的合法权益，买卖双方根据《中华人民共和国民法典》的有关规定，经协商，一致同意签订本合同，共同遵守。

一、货物的名称、数量及价格：

货物名称	规格型号	计量单位	数量	报价（不含税）（元）	金额（不含税）（元）	税率	价税合计（元）
活性乳酸饮料		瓶	5 000	3.00	15 000.00	13%	16 950.00
灭菌乳酸饮料		盒	5 000	3.50	17 500.00	13%	19 775.00

二、运输费用承担方式：由销货方负责联系送货，运输费用由购货方承担。

三、付款结算方式：支票结算。

四、商业折扣：由于促销活动给予10%的商业折扣。

五、合同总金额：合同总金额为人民币叁万叁仟零伍拾贰元伍角整（33 052.50）。

……

卖　方	广州市美味饮品有限公司	买　方	好又多有限公司
纳税人识别号	440103456789111345	纳税人识别号	440103456788888765
授权代表	余芳婷	授权代表	王大利
开户银行	中行友谊支行	开户银行	工行胜利支行
账　号	22233388	账　号	73853654
地　址	广州市友谊路68号	地　址	广州市胜利路13号
电　话	020-83547890	电　话	020-85461234
日　期	2022年03月05日	日　期	2022年03月05日

表3-14

广东增值税专用发票

440000041140　　此联不作报销、扣税凭证使用　　NO 12100002

开票日期：2022年03月05日

购买方	名　　称：好又多有限公司 纳税人识别号：440103456788888765 地 址 、电 话：广州市胜利路13号020-85461234 开户行及账号：工行胜利支行 73853654					密码区	（略）	
货物或应税劳务、服务名称	规格型号	单位	数量	单价	金额	税率	税额	
*软饮料*活性乳酸饮料		瓶	5 000	2.70	13 500.00	13%	1 755.00	
*软饮料*灭菌乳酸饮料		盒	5 000	3.15	15 750.00	13%	2 047.50	
合计					￥29 250.00		￥3 802.50	
价税合计(大写)	⊗叁万叁仟零伍拾贰元伍角整					（小写）￥33 052.50		
销售方	名　　称：广州市美味饮品有限公司 纳税人识别号：440103456789111345 地 址 、电 话：广州市友谊路68号 020-83547890 开户行及账号：中行友谊支行 22233388					备注	广州市美味饮品有限公司 440103456789111345 发票专用章	

收款人：潘鸿杰　　复核：翁小莉　　开票人：余芳婷　　销售方：（章）

第一联 记账联 销售方记账凭证

表3-15

广东增值税专用发票

440000016385　　发　票　联　　NO 00442406

开票日期：2022年03月05日

购买方	名　　称：好又多有限公司 纳税人识别号：440103456788888765 地 址 、电 话：广州市胜利路13号020-85461234 开户行及账号：工行胜利支行 73853654					密码区	（略）	
货物或应税劳务、服务名称	规格型号	单位	数量	单价	金额	税率	税额	
*运输服务*运费		次	1	200.00	200.00	9%	18.00	
合计					￥200.00		￥18.00	
价税合计（大写）	⊗贰佰壹拾捌元整					（小写）￥218.00		
销售方	名　　称：广州联运有限公司 纳税人识别号：440103651579112123 地 址 、电 话：广州市黄埔路29号 020-62471773 开户行及账号：工行黄埔支行 17939762					备注	起运地－到达地：广州－广州 车种：货车 车号：粤A01517 货物信息：饮料 广州联运有限公司 440103651579112123 发票专用章	

收款人：叶梅　　复核：陶升　　开票人：钟国军　　销售方：（章）

第三联 发票联 购买方记账凭证

表3-16

广东增值税专用发票

国家税务总局 广东省税务局（监制章）

440000016385　　抵　扣　联　　NO 00442406

开票日期：2022年03月05日

购买方	名　　称：好又多有限公司 纳税人识别号：440103456788888765 地 址 、电 话：广州市胜利路13号 020-85461234 开户行及账号：工行胜利支行 73853654				密码区	（略）	
货物或应税劳务、服务名称	规格型号	单位	数量	单价	金额	税率	税额
*运输服务*运费		次	1	200.00	200.00	9%	18.00
合计					￥200.00		￥18.00
价税合计（大写）	⊗贰佰壹拾捌元整					（小写）￥218.00	
销售方	名　　称：广州联运有限公司 纳税人识别号：440103651579112123 地 址 、电 话：广州市黄埔路29号 020-62471773 开户行及账号：工行黄埔支行 17939762				备注	起运地－到达地：广州－广州 车种：货车 车号：粤A01517 货物信息：饮料	

（印章：广州联运有限公司 440103651579112123 发票专用章）

收款人：叶梅　　复核：陶升　　开票人：钟国军　　销售方：（章）

第二联　抵扣联　购买方扣税凭证

表3-17

销售出库单

发货仓库：成品仓　　第2号

用途：销售　　2022年3月5日　　金额单位：元

名称	编号	规格	单位	应发数量	实发数量	单位成本	金额
活性乳酸饮料			瓶	5 000	5 000		
灭菌乳酸饮料			盒	5 000	5 000		
备注：							

复核：胡嘉欣　　经手：陈运瑜

第三联　财务记账

8.6日，销售部余芳婷报销差旅费，相关业务单据见表3-18和表3-19。（差旅费原始凭证略）

表3-18

收款收据

2022年3月6日　　　　　　编号：001

交款人（单位）	余芳婷								第一联 记账联
摘要	今收到余芳婷4 000元（其中：报销差旅费3 700元，退回现金300元）								
金额（大写）	人民币肆仟元整　现金收讫	万	千	百	十	元	角	分	
		¥	4	0	0	0	0	0	

主管：汤颖妍　　会计：陈泽君　　出纳：潘鸿杰　　经手人：余芳婷

表3-19

差旅费报销单

2022年03月06日

姓名：余芳婷　部门：销售部门　　　　附单据10张（另贴）

出差事由：3月1至5日，参加产品销售会

摘要	金额									单位领导批示：同意据实报销。
	百	十	万	千	百	十	元	角	分	
预借款数额			¥	4	0	0	0	0	0	
各项支出	金额									陈伟贤
	百	十	万	千	百	十	元	角	分	
1. 车船费（火车票、汽车、√飞机票等）				2	4	0	0	0	0	审核意见：
2. 交通费（市内）（ 人 天）						8	4	0	0	同意。
3. 住宿费　（1人 4 天）				1	0	0	0	0	0	汤颖妍
4. 杂支										
5. 补助费（每天　元）										部门意见：
6. 房租奖励补贴（　人　天）										情况属实。
7. 税金					2	1	6	0	0	翁小莉
合计			¥	3	7	0	0	0	0	
各项支出合计（大写）　零万叁仟柒佰零拾零元零角零分										报销人：
应补领数（大写）　零万零仟零佰零拾元零角零分										余芳婷
应退还数（大写）　零万壹仟叁佰零拾零元零角零分										

审批：陈伟贤　　部门主管：翁小莉　　财务主管：汤颖妍

说明：①出差时间从 3 月 1 日　时至 3 月 5 日　时止共　5　天

　　②出差地点：广州　至　上海

9.6日，活性乳酸饮料完工入库。相关业务单据见表3-20。

表3-20

产成品入库单

2022年3月6日　　　　　　第1号

名称	编号	规格	单位	数量	备注	
活性乳酸饮料			瓶	30 000		第三联 财务记账
备注：						

复核：胡嘉欣　　　　经手：陈运瑜

10.6日，向百佳有限公司销售乳酸饮料，已收到货款，相关业务单据见表3-21至表3-25。

表3-21

广东增值税专用发票

440000041140　　此联不作报销、扣税凭证使用　　NO 12100003

开票日期：2022年03月06日

购买方	名　　称：百佳有限公司 纳税人识别号：440103695413820123 地 址 、电 话：广州市红旗路48号020-83456678 开户行及账号：建行红旗支行43810548	密码区	（略）

货物或应税劳务、服务名称	规格型号	单位	数量	单价	金额	税率	税额
*软饮料*活性乳酸饮料		瓶	9 000	3.00	27 000.00	13%	3 510.00
*软饮料*灭菌乳酸饮料		盒	9 000	3.50	31 500.00	13%	4 095.00
合计					￥58 500.00		￥7 605.00
价税合计（大写）	⊗陆万陆仟壹佰零伍元整					（小写）	￥66 105.00

销售方	名　　称：广州市美味饮品有限公司 纳税人识别号：440103456789111345 地 址 、电 话：广州市友谊路68号020-83547890 开户行及账号：中行友谊支行22233388	备注	广州市美味饮品有限公司 440103456789111345 发票专用章

收款人：潘鸿杰　　复核：翁小莉　　开票人：余芳婷　　销售方：（章）

第一联 记账联 销售方记账凭证

表3-22

销售出库单

发货仓库:成品仓　　第3号

用途：销售　　2022年3月6日　　金额单位：元

名称	编号	规格	单位	应发数量	实发数量	单位成本	金额
活性乳酸饮料			瓶	9 000	9 000		
灭菌乳酸饮料			盒	9 000	9 000		
备注：							

复核：胡嘉欣　　经手：陈运瑜

第三联 财务记账

表3-23　支票正面

中国建设银行　支票　10303331 89067820

付款期限自出票之日起十天

出票日期（大写）贰零贰贰 年 叁 月 零陆 日　付款行名称：建行红旗支行

收款人：广州市美味饮品有限公司　出票人账号：43810548

人民币（大写）	陆万陆仟壹佰零伍元整	亿	千	百	十	万	千	百	十	元	角	分
					¥	6	6	1	0	5	0	0

用途 货款　密码

上列款项请从　行号

我账户内支付

出票人签章　百佳有限公司财务专用章　林晓莉印　复核　记账

表3-24　支票反面

附加信息：	被背书人	被背书人
	背书人签章 年　月　日	背书人签章 年　月　日

（粘贴单处）

表3-25　中国银行进账单　（回 单）　1

年　月　日　XV 16379786

付款人	全　称		收款人	全　称	
	账　号			账　号	
	开户银行			开户银行	

金额	人民币（大写）	亿	千	百	十	万	千	百	十	元	角	分

票据种类		票据张数		
票据号码				
复核　记账				交给银行后视为已盖章

此联是开户银行交给持（出）票人的回单

11.8日，通过银行转账支付城市维护建设税和教育费附加，相关业务单据见表3-26。

表3-26　　回单

支行名称：友谊支行　　网点号：432490702

广州电子缴税系统回单

扣款日期：2022.03.08
清算日期：2022.03.08

付款人名称：广州市美味饮品有限公司
付款人账号：22233388
付款人开户银行：中行友谊支行
收款人名称：广州市华乐税务局
收款人账号：087654321
收款人开户银行：国家金库华乐支库

中国银行广州友谊支行
2022.03.08
业务专用章
12（03）

款项内容：代扣税款　　电子税票号：711002188
小写金额：￥4 920.00
大写金额：肆仟玖佰贰拾元整
纳税人编码：440103456789111345
纳税人名称：广州市美味饮品有限公司

税种	所属时期	纳税金额	备注
增值税	20220201—20220228	￥49 200.00	
城市维护建设税	20220201—20220228	￥3 444.00	
教育费附加	20220201—20220228	￥1 476.00	

经办：　　复核：　　打印次数：1　　打印日期：2022.03.08

12.8日，发2月工资28 000元。（工资结算表略，出纳填写支票）

13.8日，结转工资结算中各项代扣款项，相关业务单据见表3-27。（注：因目前会计软件系统的教育专版未对个人所得税的最新征收方式调整设置，本次题目对个税作简化处理。）

表3-27　　**部门工资代扣款项汇总表**

2022年3月　　单位：元

部门	基本养老保险	基本医疗保险	失业保险	住房公积金	个人所得税
管理部门	280	70	7	350	11.19
财务部门	520	130	13	650	0
采购部门	200	50	5	250	0
销售部门	200	50	5	250	0
生产部门	592	148	14.8	740	0
合计	1 792	448	44.8	2 240	11.19

14.8日，向万佳有限公司销售乳酸饮料，相关业务单据见表3-28至表3-32。

表3-28

广东增值税专用发票

440000041140　　此联不作报销、扣税凭证使用　　NO 12100004

开票日期：2022年03月08日

<table>
<tr><td rowspan="4">购买方</td><td colspan="5">名　　称：万佳有限公司
纳税人识别号：440103668724690123
地 址 、电 话：广州市爱国路10号 020-83542668
开户行及账号：工行爱国支行 36542234</td><td>密码区</td><td colspan="2">（略）</td></tr>
<tr><td>货物或应税劳务、服务名称</td><td>规格型号</td><td>单位</td><td>数量</td><td>单价</td><td>金额</td><td>税率</td><td>税额</td></tr>
<tr><td>*软饮料*活性乳酸饮料</td><td></td><td>瓶</td><td>5 000</td><td>3.00</td><td>15 000.00</td><td>13%</td><td>1 950.00</td></tr>
<tr><td>*软饮料*灭菌乳酸饮料</td><td></td><td>盒</td><td>3 000</td><td>3.50</td><td>10 500.00</td><td>13%</td><td>1 365.00</td></tr>
<tr><td colspan="2">合计</td><td colspan="4"></td><td>¥25 500.00</td><td></td><td>¥3 315.00</td></tr>
<tr><td colspan="2">价税合计(大写)</td><td colspan="5">⊗贰万捌仟捌佰壹拾伍元整</td><td colspan="2">（小写）¥28 815.00</td></tr>
<tr><td>销售方</td><td colspan="5">名　　称：广州市美味饮品有限公司
纳税人识别号：440103456789111345
地 址 、电 话：广州市友谊路68号 020-83547890
开户行及账号：中行友谊支行 22233388</td><td>备注</td><td colspan="2">广州市美味饮品有限公司
440103456789111345
发票专用章</td></tr>
</table>

收款人：潘鸿杰　　复核：翁小莉　　开票人：余芳婷　　销售方：（章）

第一联　记账联　销售方记账凭证

表3-29

销售出库单

发货仓库:成品仓　　第4号

用途：销售　　2022年3月8日　　金额单位：元

名称	编号	规格	单位	应发数量	实发数量	单位成本	金额
活性乳酸饮料			瓶	5 000	5 000		
灭菌乳酸饮料			盒	3 000	3 000		
备注：							

复核：胡嘉欣　　经手：陈运瑜

第三联　财务记账

表3-30　　支票正面

中国工商银行　支票	03601130 22300138
出票日期（大写）贰零贰贰 年 叁 月 零捌 日	付款行名称：工行爱国支行
收款人：广州市美味饮品有限公司	出票人账号：36542234

付款期限自出票之日起十天

人民币（大写）	贰万捌仟捌佰壹拾伍元整	亿	千	百	十	万	千	百	十	元	角	分
					¥	2	8	8	1	5	0	0

用途 货款　　　　　密码＿＿＿＿

上列款项请从　　　行号＿＿＿＿

我账户内支付

出票人签章　　万佳有限公司财务专用章　　大方印同　　　复核　　记账

表3-31　　支票反面

附加信息：	被背书人	被背书人
	背书人签章 年　月　日	背书人签章 年　月　日

（粘贴单处）

表3-32

中国银行进账单　（回 单）　1

年　月　日　　XV 16379721

付款人	全　称		收款人	全　称	
	账　号			账　号	
	开户银行			开户银行	

金额	人民币（大写）	亿	千	百	十	万	千	百	十	元	角	分

票据种类		票据张数		
票据号码				
复核　记账				交给银行后视为已盖章

此联是开户银行交给持（出）票人的回单

15.8日，支付行政部门上月电话费，相关业务单据见表3-33-1、表3-33-2和表3-34。

表3-33-1

广东增值税专用发票

国家税务总局 广东省税务局

340000017184　　发　票　联　　NO 20281596

开票日期：2022年03月08日

购买方	名　　称：广州市美味饮品有限公司 纳税人识别号：440103456789111345 地 址 、电 话：广州市友谊路68号020-83547890 开户行及账号：中行友谊支行 22233388				密码区	（略）	
货物或应税劳务、服务名称	规格型号	单位	数量	单价	金额	税率	税额
*电信服务*电话费		月	1	680.00	680.00	9%	61.20
合计					￥680.00		￥61.20
价税合计（大写）	⊗柒佰肆拾壹元贰角整						（小写）￥741.20
销售方	名　　称：中国电信股份有限公司广州公司 纳税人识别号：440412846651244567 地 址 、电 话：广州市南边路21号 020-83458706 开户行及账号：工行丽水支行 10809808				备注	中国电信股份有限公司广州公司 440412846651244567 发票专用章	

收款人：邓南　　复核：洪江北　　开票人：赵越东　　销售方：（章）

第三联 发票联 购买方记账凭证

表3-33-2

广东增值税专用发票

国家税务总局 广东省税务局

340000017184　　抵　扣　联　　NO 20281596

开票日期：2022年03月08日

购买方	名　　称：广州市美味饮品有限公司 纳税人识别号：440103456789111345 地 址 、电 话：广州市友谊路68号020-83547890 开户行及账号：中行友谊支行 22233388				密码区	（略）	
货物或应税劳务、服务名称	规格型号	单位	数量	单价	金额	税率	税额
*电信服务*电话费		月	1	680.00	680.00	9%	61.20
合计					￥680.00		￥61.20
价税合计（大写）	⊗柒佰肆拾壹元贰角整						（小写）￥741.20
销售方	名　　称：中国电信股份有限公司广州公司 纳税人识别号：440412846651244567 地 址 、电 话：广州市南边路21号 020-83458706 开户行及账号：工行丽水支行 10809808				备注	中国电信股份有限公司广州公司 440412846651244567 发票专用章	

收款人：邓南　　复核：洪江北　　开票人：赵越东　　销售方：（章）

第二联 抵扣联 购买方扣税凭证

表3-34

中国银行特种转账借方凭证

币种：人民币　　　　2022年3月8日　　　　流水号：3111

付款人	全　称	广州市美味饮品有限公司	收款人	全　称	代收电信话费主办行归集户
	账　号	22233388		账　号	10809808
	开户行	中行友谊支行		开户行	工行丽水支行
大写金额		（人民币）柒佰肆拾壹元贰角整			¥741.20
用途		代扣电信话费	中国银行广州友谊支行 2022.03.08 业务专用章 12（03） 银行盖章		
备注：					

客户回单

16.9日，与供应商阳光有限公司签订购销合同购买乳酸，由于购买数量较大，对方给予了9折的优惠，同时约定当日预付不含税价款的50%作为订金，通过信汇方式汇出，相关业务单据见表3-35和表3-36。

表3-35

购销合同

卖方：阳光有限公司　　　　合同编号：P0811

买方：广州市美味饮品有限公司

为保护买卖双方的合法权益，买卖双方根据《中华人民共和国民法典》的有关规定，经协商，一致同意签订本合同，共同遵守。

一、货物的名称、数量及价格：

货物的名称	规格型号	计量单位	数量	单价（不含税）（元）	金额（不含税）（元）	税率	价税合计（元）
乳酸		吨	0.5	15 000.00	7 500.00	13%	8 475.00

二、运输费用承担方式：由销货方负责联系送货，运输费用由购货方承担。

三、商业折扣：由于购买数量大，给予了9折的优惠。

四、合同总金额：合同总金额为人民币柒仟陆佰贰拾柒元伍角整（¥7 627.50）。

五、付款结算方式：支票结算。同时约定买方在合同签订日支付折后不含税价款的50%作为订金。预付款在合同签订日通过信汇方式汇出。

……

卖方	阳光有限公司	买方	广州市美味饮品有限公司
纳税人识别号	440103456789308789	纳税人识别号	440103456789111345
授权代表	陈锡洲	授权代表	余芳婷
开户银行	工行开拓支行	开户银行	中行友谊支行
账　号	76473293	账　号	22233388
地　址	广州市开拓路57号	地　址	广州市友谊路68号
电　话	020-81912345	电　话	020-83547890
日　期	2022年03月09日	日　期	2022年03月09日

表3-36

中国银行　信汇凭证（收账通知或取款收据）

4　　第　　号

委托日期　2022年3月9日　　　　应解汇款编号

汇款人	全　称	广州市美味饮品有限公司	收款人	全　称	阳光有限公司
	账　号	22233388		账　号	76473293
	汇出地点	广东 省 广州 市/县		汇入地点	广东 省 广州 市/县
汇出行名称		中行友谊支行	汇入行名称		工行开拓支行
金额	人民币（大写）	叁仟叁佰柒拾伍元整	亿 千 百 十 万 千 百 十 元 角 分		¥ 3 3 7 5 0 0
汇款用途：		如需加急，请在括号内注明（　）	支付密码		
汇出行签章			附加信息及用途：预付购货款 复核：　记账：王 玲		

中国银行广州友谊支行 2022.03.09 业务专用章 12（03）

此联是给收款人的收账通知或代取款收据

17.10日，收到阳光有限公司转来的增值税专用发票，支付货款，货未到，相关业务单据见表3-37和表3-38。（出纳填写支票）

表3-37

广东增值税专用发票

全国统一发票监制章 国家税务总局 广东省税务局

4400000041140　　　　发　票　联　　　　NO 22100011

开票日期：2022年03月10日

购买方	名　称：广州市美味饮品有限公司 纳税人识别号：440103456789111345 地址、电话：广州市友谊路68号020-83547890 开户行及账号：中行友谊支行 22233388				密码区	（略）	
货物或应税劳务、服务名称	规格型号	单位	数量	单价	金额	税率	税额
*发酵类制品*乳酸		吨	0.5	13 500.00	6 750.00	13%	877.50
合计					¥6 750.00		¥877.50
价税合计（大写）	⊗柒仟陆佰贰拾柒元伍角整					（小写）	¥7 627.50
销售方	名　称：阳光有限公司 纳税人识别号：440103456789308789 地址、电话：广州市开拓路57号020-81912345 开户行及账号：工行开拓支行 76473293				备注		

阳光有限公司 440103456789308789 发票专用章

收款人：董厚森　　复核：周静　　开票人：李枚　　销售方：（章）

第三联 发票联 购买方记账凭证

表3-38

广东增值税专用发票

（全国统一发票监制章 国家税务总局 广东省税务局）

440000041140　　抵扣联　　NO 22100011

开票日期：2022年03月10日

购买方	名　　称：广州市美味饮品有限公司 纳税人识别号：440103456789111345 地址、电话：广州市友谊路68号020-83547890 开户行及账号：中行友谊支行 22233388	密码区	（略）

货物或应税劳务、服务名称	规格型号	单位	数量	单价	金额	税率	税额
*发酵类制品*乳酸		吨	0.5	13 500.00	6 750.00	13%	877.50
合计					¥6 750.00		¥877.0
价税合计（大写）	⊗柒仟陆佰贰拾柒元伍角整						（小写）¥7 627.50

销售方	名　　称：阳光有限公司 纳税人识别号：440103456789308789 地址、电话：广州市开拓路57号020-81912345 开户行及账号：工行开拓支行 76473293	备注	（阳光有限公司 440103456789308789 发票专用章）

收款人：董厚森　　复核：周静　　开票人：李枚　　销售方：（章）

第二联 抵扣联 购买方扣税凭证

18.10日，向阳光有限公司采购的乳酸入库，相关业务单据见表3-39。

表3-39

入库单

2022年3月10日　　第1号

名称	编号	规格	单位	数量	单价	成本总额									
						千	百	十	万	千	百	十	元	角	分
乳酸			吨	0.5	13 500.00				¥	6	7	5	0	0	0
备注：															

复核：黄艳　　验收：邵可茵

第三联 财务记账

19.10日，采购部黄艳到佛山联系业务时因公受伤，回来报销医药费，以现金支付，相关业务单据见表3-40和表3-41。

表3-40 **广东省医疗机构门诊收费收据**

系列号：急诊门诊 2022年2月28日 TT983S3332

（印章：广东省 财政部监制）

姓名：黄艳		结算方式：现 金					
药品项目	金 额	医疗项目		金 额	医疗项目		金 额
西 药	150.00	诊查费		8.00	治疗费		
中成药		急诊留观床位费			其中	输血费	
中草药		检查费				输氧费	
超标药		其中	CT				
自费药			MRI		手术费		
			高速CT		其 他		
					特需服务费		
					挂号费		
合计人民币（大写）壹佰伍拾捌元整				￥158.00			
医保统筹记账金额：		总计0.00		个人缴费金额：￥158.00			

第一联：交缴款人

（印章：中山市第三人民医院 门诊收费章 (3)）

收费单位：（盖章） 审核员：陈明 收费员：李晓蕾 广东省财政厅印刷

表3-41 **支出凭单**

附件1张 2022年3月10日 第2号

支出项目	万	千	百	十	元	角	分
职工医药费			1	5	8	0	0
小 计		￥	1	5	8	0	0
合计（大写）人民币零万零仟壹佰伍拾捌元零角零分							

（印章：现金付讫）

审批：陈伟贤 出纳：潘鸿杰 会计：陈泽君 经手人：黄艳

20.10日，结转上述职工报销的医疗费。

21.10日，支付上月向君妍有限公司购买原料乳的货款1 864.50元。（提示：对应第4题，出纳填写支票）

22.10日，预付岭南有限公司购货款30 000元。（提示：出纳填写支票）

23.10日，收到向岭南有限公司采购香精的增值税专用发票，材料准备发出，运费由对方承担，相关业务单据见表3-42和表3-43。

表3-42

广东增值税专用发票

440000041140　　发　票　联　　NO 22100021

开票日期：2022年03月10日

购买方	名　　称：广州市美味饮品有限公司 纳税人识别号：440103456789111345 地 址、电 话：广州市友谊路68号020-83547890 开户行及账号：中行友谊支行 22233388				密码区	（略）	
货物或应税劳务、服务名称	规格型号	单位	数量	单价	金额	税率	税额
*香精*香精		吨	1	60 000.00	60 000.00	13%	7 800.00
合计					¥60 000.00		¥7 800.00
价税合计（大写）	⊗陆万柒仟捌佰元整					（小写）¥67 800.00	
销售方	名　　称：岭南有限公司 纳税人识别号：440103257089888789 地 址、电 话：广州市滨海路13号020-28229361 开户行及账号：工行滨海支行 15428341				备注	岭南有限公司 440103257089888789 发票专用章	

收款人：张勇　　复核：李迷　　开票人：胡凯　　销售方：（章）

第三联　发票联　购买方记账凭证

表3-43

广东增值税专用发票

440000041140　　抵　扣　联　　NO 22100021

开票日期：2022年03月10日

购买方	名　　称：广州市美味饮品有限公司 纳税人识别号：440103456789111345 地 址、电 话：广州市友谊路68号020-83547890 开户行及账号：中行友谊支行 22233388				密码区	（略）	
货物或应税劳务、服务名称	规格型号	单位	数量	单价	金额	税率	税额
*香精*香精		吨	1	60 000.00	60 000.00	13%	7 800.00
合计					¥60 000.00		¥7 800.00
价税合计（大写）	⊗陆万柒仟捌佰元整					（小写）¥67 800.00	
销售方	名　　称：岭南有限公司 纳税人识别号：440103257089888789 地 址、电 话：广州市滨海路13号020-28229361 开户行及账号：工行滨海支行 15428341				备注	岭南有限公司 440103257089888789 发票专用章	

收款人：张勇　　复核：李迷　　开票人：胡凯　　销售方：（章）

第二联　抵扣联　购买方扣税凭证

24.12日，向岭南有限公司采购的香精入库，相关业务单据见表3-44。

表3-44

入库单

2022年3月12日　　　　第2号

名称	编号	规格	单位	数量	单价	成本总额									
						千	百	十	万	千	百	十	元	角	分
香精			吨	1	60 000.00			¥	6	0	0	0	0	0	0
备注：															

第三联　财务记账

复核：黄艳　　　　验收：邵可茵

25.12日，补付购买香精的货款。（出纳填写支票）

26.12日，支付电费，收到增值税专用发票，相关业务单据见表3-45至表3-47。

表3-45

广东增值税专用发票

全国统一发票监制章 国家税务总局 广东省税务局

发 票 联

440000041140　　　　NO 22300004

开票日期：2022年03月12日

购买方	名　　称：广州市美味饮品有限公司 纳税人识别号：440103456789111345 地 址 、电 话：广州市友谊路68号020-83547890 开户行及账号：中行友谊支行 22233388					密码区	（略）
货物或应税劳务、服务名称	规格型号	单位	数量	单价	金额	税率	税额
*供电*电费		千瓦时	1 825	0.80	1 460.00	13%	189.80
合计					¥1 460.00		¥189.80
价税合计（大写）	⊗壹仟陆佰肆拾玖元捌角整						（小写）¥1 649.80
销售方	名　　称：广州供电局有限公司 纳税人识别号：440100589527752123 地 址 、电 话：广州市和平路43号020-34996081 开户行及账号：工行和平支行 42576937					备注	广州供电局有限公司 440100589527752123 发票专用章

第三联　发票联　购买方记账凭证

收款人：张××　　复核：李×　　开票人：胡×　　销售方：（章）

表3-46

广东增值税专用发票

440000041140　　抵　扣　联　　NO 22300004

开票日期：2022年03月12日

购买方	名　　称：广州市美味饮品有限公司 纳税人识别号：440103456789111345 地 址 、电 话：广州市友谊路68号020-83547890 开户行及账号：中行友谊支行 22233388					密码区	（略）
货物或应税劳务、服务名称	规格型号	单位	数量	单价	金额	税率	税额
*供电*电费		千瓦时	1 825	0.80	1 460.00	13%	189.80
合计					￥1 460.00		￥189.80
价税合计（大写）	⊗壹仟陆佰肆拾玖元捌角整						（小写）￥1 649.80
销售方	名　　称：广州供电局有限公司 纳税人识别号：440100589527752123 地 址 、电 话：广州市和平路43号020-34996081 开户行及账号：工行和平支行 42576937					备注	

收款人：张××　　复核：李×　　开票人：胡×　　销售方：（章）

第二联　抵扣联　购买方扣税凭证

表3-47

中国银行特种转账借方凭证

2022年3月12日

币种：人民币　　流水号：5462

付款人	全　称	广州市美味饮品有限公司	收款人	全　称	广州市供电局有限公司
	账　号	22233388		账　号	42576937
	开户行	中行友谊支行		开户行	工行和平支行
大写金额		（人民币）壹仟陆佰肆拾玖元捌角整			￥1 649.80
用途	代收电费				
备注：			银行盖章		

客户回单

27.12日，采购办公用品，以现金支付，分别给财务部和生产部使用。相关业务单据见表3-48至表3-50。

表3-48

广东增值税专用发票

340000171576　　发　票　联　　NO 12220037

开票日期：2022年03月12日

购买方	名　　称：广州市美味饮品有限公司 纳税人识别号：440103456789111345 地 址 、电 话：广州市友谊路68号020-83547890 开户行及账号：中行友谊支行 22233388				密码区	（略）	
货物或应税劳务、服务名称	规格型号	单位	数量	单价	金额	税率	税额
*纸制品*办公用品		箱	1		500.00	13%	65.00
合计					￥500.00		￥65.00
价税合计（大写）	⊗伍佰陆拾伍元整					（小写）￥565.00	
销售方	名　　称：广州市洲源文具有限公司 纳税人识别号：440103159357658789 地 址 、电 话：广州市通达路84号 020-83969996 开户行及账号：工商银行广州支行22998466				备注	广州市洲源文具有限公司 440103159357658789 发票专用章	

第三联　发票联　购买方记账凭证

收款人：孙云飞　　复核：李春同　　开票人：陈大伟　　销售方：（章）

表3-49

办公用品领用表

2022年3月12日

领用部门	项目	金额(元)
财务部	办公用品	265.00
生产车间	办公用品	300.00
合计		￥565.00

审核：汤颖妍　　制表：陈泽君

表3-50

支出凭单

附件1张　　2022年3月12日　　第3号

支出项目	万	千	百	十	元	角	分
办公用品			5	6	5	0	0
小　计		￥	5	6	5	0	0
合计（大写）人民币零万零仟伍佰陆拾伍元零角零分							

现金付讫

审批：陈伟贤　　出纳：潘鸿杰　　会计：陈泽君　　经手人：余芳婷

28.13日，开出支票支付郊区仓库租金，相关业务单据见表3–51。（出纳填写支票）

表3–51

广东增值税专用发票

国家税务总局 广东省税务局

发　票　联

340000171576　　　　　　NO 02388696

开票日期：2022年03月13日

购买方	名　　称：广州市美味饮品有限公司 纳税人识别号：440103456789111345 地 址 、电 话：广州市友谊路68号020–83547890 开户行及账号：中行友谊支行 22233388				密码区	（略）	
货物或应税劳务、服务名称	规格型号	单位	数量	单价	金额	税率	税额
*经营租赁*租赁费		次	1	2 700.00	2 700.00	9%	243.00
合计					￥2 700.00		￥243.00
价税合计（大写）	⊗贰仟玖佰肆拾叁元整					（小写）￥2 943.00	
销售方	名　　称：东风合作社 纳税人识别号：440103190492867654 地 址 、电 话：广州市龙岗北路2号020–36621567 开户行及账号：工商银行广州支行22998466				备注	东风合作社 440103190492867654 发票专用章	

第三联　发票联　购买方记账凭证

收款人：吴伟　　复核：刘中夏　　开票人：李素　　销售方：（章）

29.14日，收到好又多有限公司支付的货款，相关业务单据见表3–52至表3–54。（提示：对应第7题）

表3–52　　**支票正面**

中国工商银行　支票　　03601118 37213825

付款期限自出票之日起十天

出票日期（大写）贰零贰贰 年 叁 月 壹拾肆 日　　付款行名称：工行胜利支行

收款人：广州市美味饮品有限公司　　出票人账号：73853654

人民币（大写）	亿	千	百	十	万	千	百	十	元	角	分
叁万叁仟贰佰柒拾元伍角整				￥	3	3	2	7	0	5	0

用途　货款

上列款项请从我账户内支付

出票人签章　　好又多有限公司财务专用章　　邓南翔印

密码＿＿＿＿

行号＿＿＿＿

复核　　记账

表3-53　　支票反面

附加信息：	被背书人	被背书人	（粘贴单处）
	背书人签章 年　月　日	背书人签章 年　月　日	

表3-54　　中国银行进账单　　（回　单）　1

年　月　日　　XV 16480078

付款人	全　称		收款人	全　称												此联是开户银行交给持（出）票人的回单
	账　号			账　号												
	开户银行			开户银行												
金额	人民币（大写）					亿	千	百	十	万	千	百	十	元	角	分
票据种类		票据张数														
票据号码																
复核　记账				交给银行后视为已盖章												

30.14日，向沃尔玛销售乳酸饮料，货款尚未收回，相关业务单据见表3-55和表3-56。

表3-55

广东增值税专用发票

440000041140 此联不作报销、扣税凭证使用 NO 12100005

开票日期：2022年03月14日

购买方	名 称：沃尔玛有限公司 纳税人识别号：440103456783201012 地 址 、电 话：广州市迎宾路21号020-54836699 开户行及账号：中行迎宾支行 69325581				密码区	（略）	
货物或应税劳务、服务名称	规格型号	单位	数量	单价	金额	税率	税额
*软饮料*活性乳酸饮料		瓶	10 000	3.00	30 000.00	13%	3 900.00
合计					￥30 000.00		￥3 900.00
价税合计（大写）	⊗叁万叁仟玖佰元整					（小写）￥33 900.00	
销售方	名 称：广州市美味饮品有限公司 纳税人识别号：440103456789111345 地 址 、电 话：广州市友谊路68号 020-83547890 开户行及账号：中行友谊支行 22233388				备注		

收款人：潘鸿杰 复核：翁小莉 开票人：余芳婷 销售方：（章）

第一联 记账联 销售方记账凭证

表3-56

销售出库单

发货仓库：成品仓 第5号

用途：销售 2022年3月14日 金额单位：元

名称	编号	规格	单位	应发数量	实发数量	单位成本	金额
活性乳酸饮料			瓶	10 000	10 000		
备注：							

复核：胡嘉欣 经手：陈运瑜

第三联 财务记账

31.14日，发生销售招待费，以现金支付，相关业务单据见表3-57和表3-58。

表3-57

广东增值税专用发票

340000171576　　发　票　联　　NO 12220037

开票日期：2022年03月14日

购买方	名　　称：广州市美味饮品有限公司 纳税人识别号：440103456789111345 地 址 、电 话：广州市友谊路68号020-83547890 开户行及账号：中行友谊支行 22233388				密码区	（略）	
货物或应税劳务、服务名称	规格型号	单位	数量	单价	金额	税率	税额
*餐饮服务*餐费			1	188.679	188.679	6%	11.321
合计					￥188.679		￥11.321
价税合计（大写）	⊗贰佰元整					（小写）￥200.00	
销售方	名　　称：广州市好食有限公司 纳税人识别号：440852456369147678 地 址 、电 话：广州市光明新街31号 020-44201010 开户行及账号：建设银行光明支行4412355321				备注	广州市好食有限公司 440852456369147678 发票专用章	

第三联　发票联　购买方记账凭证

收款人：张丰林　　复核：程冬兰　　开票人：冯晓婷　　销售方：（章）

表3-58

支出凭单

附件1张　　2022年3月14日　　第4号

支出项目	金额						
	万	千	百	十	元	角	分
招待费			2	0	0	0	0
现金付讫							
小　计		￥	2	0	0	0	0
合计（大写）人民币零万零仟贰佰零拾零元零角零分							

审批：陈伟贤　　出纳：潘鸿杰　　会计：陈泽君　　经手人：余芳婷

32.15日，购入佳能一体机（办公设备），供财务部使用，相关业务单据见表3-59和表3-60。（出纳填写支票）

表3-59

广东增值税普通发票

570000042211　　　　发　票　联　　　　NO 03658791

（全国统一发票监制章 国家税务总局 广东省税务局）

开票日期：2022年03月15日

购买方	名　　称：广州市美味饮品有限公司 纳税人识别号：440103456789111345 地 址 、电 话：广州市友谊路68号020-83547890 开户行及账号：中行友谊支行 22233388	密码区	（略）

货物或应税劳务、服务名称	规格型号	单位	数量	单价	金额	税率	税额
*文化办公用设备*佳能一体机		台	1	8 000.00	8 000.00	13%	1 040.00
合计					￥8 000.00		￥1 040.00
价税合计（大写）	⊗玖仟零肆拾元整				（小写）￥9 040.00		

销售方	名　　称：广州佳能有限公司 纳税人识别号：440103765157926567 地 址 、电 话：广州市三阳路568号 020-45612345 开户行及账号：交行三阳支行 229763231	备注	（广州佳能有限公司 440103765157926567 发票专用章）

收款人：刘虹　　复核：黎光明　　开票人：王成　　销售方：（章）

第二联　发票联　购买方记账凭证

表3-60

固定资产验收单

编号N654789

发票号码03658791　　　　2022年3月15日

名称	单位	数量	设备价款（元）	预计使用年限	使用部门
佳能一体机	台	1	9 040.00	3年	财务部

财务主管：汤颖妍　　记账：陈泽君　　使用部门：财务部　　制单：陈泽君

33.16日，用现金支付生产部门的设备维修费。相关业务单据见表3-61和表3-62。

表3-61

广东增值税普通发票

发　票　联

(全国统一发票监制 国家税务总局 广东省税务局)

340000017184　　　　NO 12220034

开票日期：2022年03月16日

购买方	名　　称：广州市美味饮品有限公司 纳税人识别号：440103456789111345 地 址 、电 话：广州市友谊路68号020-83547890 开户行及账号：中行友谊支行 22233388				密码区	（略）	
货物或应税劳务、服务名称	规格型号	单位	数量	单价	金额	税率	税额
*劳务*维修费		次	1	88.49	88.49	13%	11.5044
合计					￥88.49		￥11.5044
价税合计（大写）	⊗壹佰元整				（小写）￥100.00		
销售方	名　　称：广州市雄伟维修公司 纳税人识别号：440412846651244567 地 址 、电 话：广州市南边路21号 020-83458706 开户行及账号：工商银行纸厂支行 2309451				备注	(广州市雄伟维修公司 440412846651244567 发票专用章)	

第二联　发票联　购买方记账凭证

收款人：雷北　　复核：李洪　　开票人：冯倩西　　销售方：（章）

表3-62

支出凭单

附件1张　　　　2022年3月16日　　　　第5号

支出项目	金额 万	千	百	十	元	角	分
维修费			1	0	0	0	0
小　计		￥	1	0	0	0	0
合计（大写）人民币零万零仟壹佰零拾零元零角零分							

(现金付讫)

审批：陈伟贤　　出纳：潘鸿杰　　会计：陈泽君　　经手人：胡嘉欣

34.16日，管理部门的一台电脑（02001）无法正常运行，作报废处理，其间用现金支付一笔清理费用，同时将残料出售给回收公司，相关业务单据见表3-63至表3-67。(提示：此题共4笔分录，不考虑税费。在会计电算化操作下，先作计提折旧操作再作固定资产的报废处理，月末才统一生成计提折旧的凭证)

表3-63

固定资产报废申请单

固定资产编号：02001　　2022年3月16日

固定资产名称	规格型号	单位	数量	预计使用年限	原值（元）	已提折旧（元）	备注
电脑		台	1	5	3 000.00	2 475.00	报废
使用部门：管理部							
固定资产状况及处置原因	无法正常运行						
处理意见	使用部门	技术鉴定小组		固定资产管理部门		主管部门审批	
	申请	同意 王楠		同意 赵云		同意 吴萍	

表3-64

收款收据

2022年3月16日　　编号：002

交款人（单位）	金属材料回收公司							
摘要	今收到金属材料回收公司300元							
金额（大写）	人民币叁佰元整　现金收讫	万	千	百	十	元	角	分
			¥	3	0	0	0	0

第一联　记账联

主管：陈伟贤　　会计：陈泽君　　出纳：潘鸿杰　　经手人：余芳婷

表3-65

支出凭单

附件1张　　2022年3月16日　　第6号

支出项目	金额						
	万	千	百	十	元	角	分
固定资产清理费　现金付讫				5	0	0	0
小　计			¥	5	0	0	0
合计（大写）人民币零万零仟零佰伍拾零元零角零分							

审批：陈伟贤　　出纳：潘鸿杰　　会计：陈泽君　　经手人：胡嘉欣

表3-66

广东增值税普通发票

340000017184　　发　票　联　　NO 12220034

开票日期：2022年03月16日

购买方	名　　称：广州市美味饮品有限公司 纳税人识别号：440103456789111345 地 址 、电 话：广州市友谊路68号020-83547890 开户行及账号：中行友谊支行22233388				密码区	（略）	
货物或应税劳务、服务名称	规格型号	单位	数量	单价	金额	税率	税额
*劳务*清理费		次	1	44.2478	44.2478	13%	5.7522
合计					￥44.2478		￥5.7522
价税合计（大写）	⊗伍拾元整				（小写）￥50.00		
销售方	名　　称：广州光明清洁有限公司 纳税人识别号：440106789113451012 地 址 、电 话：广州市南边路21号 020-83458706 开户行及账号：工行纸厂支行 2309451				备注		

第二联　发票联　购买方记账凭证

收款人：江无洪　　复核：杨凡群　　开票人：余一心　　销售方：（章）

表3-67

固定资产清理损益计算表

年　月　日

清理项目		清理原因	
固定资产清理借方发生额		固定资产清理贷方发生额	
清理支出内容	金额（元）	清理收入内容	金额（元）
借方合计		贷方合计	
固定资产清理 净收益/净损失 金额（大写）：______ ￥______			

复核：汤颖妍　　制单：陈泽君

35.17日，向新业有限公司购入周转材料，使用商业承兑汇票结算货款，材料已验收入库，相关业务单据见表3-68至表3-74。（提示：此题需通过“在途物资”科目核算，入库时再由“在途物资”转入“周转材料”等科目）

表 3-68

广东增值税专用发票

570000042211　　　　发 票 联　　　　NO 03658891

开票日期：2022 年 03 月 17 日

购买方	名　　称：广州市美味饮品有限公司 纳税人识别号：440103456789111345 地 址 、电 话：广州市友谊路 68 号 020-83547890 开户行及账号：中行友谊支行 22233388	密码区	（略）

货物或应税劳务、服务名称	规格型号	单位	数量	单价	金额	税率	税额
塑料制品 200ml 塑料杯		个	11 000	0.15	1 650.00	13%	214.50
纸制制品 200ml 利乐盒		个	10 000	0.20	2 000.00	13%	260.00
合计					¥3 650.00		¥474.50
价税合计（大写）	⊗肆仟壹佰贰拾肆元伍角整					（小写）	¥4 124.50

销售方	名　　称：新业有限公司 纳税人识别号：440103456782688789 地 址 、电 话：佛山市朝阳路 98 号 0757-38961454 开户行及账号：中行朝阳支行 48723367	备注	440103456782688789 发票专用章

收款人：林梅　　复核：李芳　　开票人：张晓　　销售方：（章）

第三联 发票联 购买方记账凭证

表 3-69

广东增值税专用发票

570000042211　　　　抵 扣 联　　　　NO 03658891

开票日期：2022 年 03 月 17 日

购买方	名　　称：广州市美味饮品有限公司 纳税人识别号：440103456789111345 地 址 、电 话：广州市友谊路 68 号 020-83547890 开户行及账号：中行友谊支行 22233388	密码区	（略）

货物或应税劳务、服务名称	规格型号	单位	数量	单价	金额	税率	税额
塑料制品 200ml 塑料杯		个	11 000	0.15	1 650.00	13%	214.50
纸制制品 200ml 利乐盒		个	10 000	0.20	2 000.00	13%	260.00
合计					¥3 650.00		¥474.50
价税合计（大写）	⊗肆仟壹佰贰拾肆元伍角整					（小写）	¥4 124.50

销售方	名　　称：新业有限公司 纳税人识别号：440103456782688789 地 址 、电 话：佛山市朝阳路 98 号 0757-38961454 开户行及账号：中行朝阳支行 48723367	备注	440103456782688789 发票专用章

收款人：林梅　　复核：李芳　　开票人：张晓　　销售方：（章）

第二联 抵扣联 购买方扣税凭证

表3-70

广东增值税专用发票

发　票　联

440000075396　　　　NO 09832873

开票日期：2022年03月17日

购买方	名　　称：广州市美味饮品有限公司 纳税人识别号：440103456789111345 地 址 、电 话：广州市友谊路68号020-83547890 开户行及账号：中行友谊支行22233388				密码区	（略）	
货物或应税劳务、服务名称	规格型号	单位	数量	单价	金额	税率	税额
*运输服务*运费				200.00	200.00	9%	18.00
合计					￥200.00		￥18.00
价税合计（大写）	⊗贰佰壹拾捌元整						（小写）￥218.00
销售方	名　　称：广州鸿运有限公司 纳税人识别号：440102216783678765 地 址 、电 话：广州市云山路23号 020-64471426 开户行及账号：工行白云支行 8523984353				备注	起运地－到达地：广州－广州 车种：货车 车号：粤A12321 货物信息：包装物	

收款人：文丽　　复核：李海峰　　开票人：李芳　　销售方：（章）

第三联　发票联　购买方记账凭证

表3-71

广东增值税专用发票

抵　扣　联

440000075396　　　　NO 09832873

开票日期：2022年03月17日

购买方	名　　称：广州市美味饮品有限公司 纳税人识别号：440103456789111345 地 址 、电 话：广州市友谊路68号020-83547890 开户行及账号：中行友谊支行22233388				密码区	（略）	
货物或应税劳务、服务名称	规格型号	单位	数量	单价	金额	税率	税额
*运输服务*运费				200.00	200.00	9%	18.00
合计					￥200.00		￥18.00
价税合计（大写）	⊗贰佰壹拾捌元整						（小写）￥218.00
销售方	名　　称：广州鸿运有限公司 纳税人识别号：440102216783678765 地 址 、电 话：广州市云山路23号 020-64471426 开户行及账号：工行白云支行 8523984353				备注	起运地－到达地：广州－广州 车种：货车 车号：粤A12321 货物信息：包装物	

收款人：文丽　　复核：李海峰　　开票人：李芳　　销售方：（章）

第二联　抵扣联　购买方扣税凭证

表3-72

周转材料采购成本计算表

年　月　日　　　　金额单位：元

周转材料名称	单价	数量（个）	买价	采购费用	需分配采购费用			实际采购成本	单位成本	备注
					分配标准	分配率	金额			采购费用按实收周转材料的数量分配
200ml塑料杯										
200ml利乐盒										
合计										

复核：　　　　制表：

表3-73

周转材料入库单

年　月　日　　　　第　　号

名称	编号	规格	单位	数量	单价	成本总额									
						千	百	十	万	千	百	十	元	角	分
备注：															

第三联　财务记账

复核：　　　　验收：

表3-74

商业承兑汇票

出票日期（大写）：贰零贰贰年叁月壹拾柒日　　　　汇票号码：2020236

<table>
<tr><td>出票人全称</td><td>广州市美味饮品有限公司</td><td rowspan="3">收款人</td><td>全　　称</td><td colspan="11">新业有限公司</td></tr>
<tr><td>出票人账号</td><td>22233388</td><td>账　　号</td><td colspan="11">48723367</td></tr>
<tr><td>付款行全称</td><td>中行友谊支行</td><td>开户银行</td><td colspan="11">中行朝阳支行</td></tr>
<tr><td rowspan="2">出票金额</td><td colspan="3" rowspan="2">人民币（大写）　肆仟肆佰伍拾肆元整</td><td>亿</td><td>千</td><td>百</td><td>十</td><td>万</td><td>千</td><td>百</td><td>十</td><td>元</td><td>角</td><td>分</td></tr>
<tr><td></td><td></td><td></td><td></td><td>¥</td><td>4</td><td>4</td><td>5</td><td>4</td><td>0</td><td>0</td></tr>
<tr><td>汇票到期日（大写）</td><td>贰零贰贰年叁月壹拾柒日</td><td colspan="13">交易合同号码：9990</td></tr>
<tr><td colspan="2">本汇票已经本单位承兑，到期日无条件支付票款
新业有限公司
付款人签章</td><td colspan="13">汇票签发人盖章
广州市美味饮品有限公司</td></tr>
</table>

此联收款人开户行随结算凭证寄付款人开户行作借方凭证附件

36.17日，上缴社会保险费，相关业务单据见表3-75。

表3-75　**社会保险费电子转账凭证**

支行名称：友谊支行　　　　网点号：104581010222

广州电子缴税系统回单

扣款日期：2022.03.17
清算日期：2022.03.17

付款人全称：广州市美味饮品有限公司
付款人账号：22233388
付款人开户银行：中行友谊支行

收款人名称：广州市越秀区税务局
收款人账号：11235163
收款人开户银行：国家金库广州市越秀支库
款项内容：代扣社会保险费用　　　　电子税票号：711001166
小写金额：￥7 132.16
大写金额：人民币柒仟壹佰叁拾贰元壹角陆分

税种	所属期	纳税金额	备注
基本养老保险	20220301—20220331	￥3 136.00	单位
基本养老保险	20220301—20220331	￥1 792.00	个人
基本医疗保险	20220301—20220331	￥1 456.00	单位
基本医疗保险	20220301—20220331	￥448.00	个人
失业保险	20220301—20220331	￥143.36	单位
失业保险	20220301—20220331	￥44.80	个人
工伤保险	20220301—20220331	￥112.00	单位

中国银行广州友谊支行
2022.03.17
业务专用章

经办：　　复核：　　打印次数：1　　打印时间：20220317

复核：李想　　记账：张君

37.17日，上缴住房公积金，相关业务单据见表3-76。

表3-76　**中国建设银行广东省支行住房公积金汇缴书**

2022年03月17日　　　　第802号

单位名称	广州市美味饮品有限公司			汇缴:2022年3月份									
开户行	中行友谊支行	单位账号	22233388	汇缴：17 人									
金额	人民币（大写）肆仟肆佰捌拾元整			千	百	十	万	千	百	十	元	角	分
							¥	4	4	8	0	0	0

上次汇缴		本次增加汇缴		本次减少汇缴		本次汇缴	
人数	金额	人数	金额	人数	金额	人数	金额
						17	￥4 480.00

付款行	付款账号	支票号码
中行友谊支行	22233388	

中国建设银行
广东省支行
2022.03.17
业务章
收款银行盖章

38.18日，发现销售给沃尔玛的活性乳酸饮料有5瓶包装损坏，被退回，开具红字发票，相关业务单据见表3-77和表3-78。

表3-77

广东增值税专用发票

440000041140　　此联不作报销、扣税凭证使用　　NO 12100006

开票日期：2022年03月18日

购买方	名　　称：沃尔玛有限公司 纳税人识别号：440103456783201012 地址、电话：广州市迎宾路21号020-54836699 开户行及账号：中行迎宾支行69325581				密码区	（略）	
货物或应税劳务、服务名称	规格型号	单位	数量	单价	金额	税率	税额
*软饮料*活性乳酸饮料		瓶	-5	3.00	-15.00	13%	-1.95
合计					￥-15.00		￥-1.95
价税合计（大写）	⊗（负数）壹拾陆元玖角伍分					（小写）￥-16.95	
销售方	名　　称：广州市美味饮品有限公司 纳税人识别号：440103456789111345 地址、电话：广州市友谊路68号020-83547890 开户行及账号：中行友谊支行22233388				备注	广州市美味饮品有限公司 440103456789111345 发票专用章	

收款人：潘鸿杰　　复核：翁小莉　　开票人：余芳婷　　销售方：（章）

第一联 记账联 销售方记账凭证

表3-78

销售出库单

发货仓库：成品仓　　第6号

用途：销售　　2022年3月18日　　金额：元

名称	编号	规格	单位	应发数量	实发数量	单位成本	金额
活性乳酸饮料			瓶	-5	-5		
备注：							

复核：胡嘉欣　　经手：陈运瑜

第三联 财务记账

39.19 日，收到沃尔玛有限公司支付的货款，相关业务单据见表3-79至表3-81。（提示：对应30题、38题）

表3-79 **支票正面**

中国工商银行 **支票**　　03601130

22300145

付款期限自出票之日起十天

出票日期（大写）贰零贰贰 年 叁 月 壹拾玖 日　　付款行名称：中行迎宾支行

收款人：广州市美味饮品有限公司　　出票人账号：69325581

人民币（大写）	亿	千	百	十	万	千	百	十	元	角	分
叁万叁仟捌佰捌拾叁元零伍分整				¥	3	3	8	8	3	0	5

用途 货款

上列款项请从

我账户内支付

出票人签章　沃尔玛有限公司财务专用章　陈晓明章

密码____________

行号____________

复核　　记账

表3-80 **支票反面**

附加信息：	被背书人	被背书人
	背书人签章 年 月 日	背书人签章 年 月 日

（粘贴单处）

表3-81 **中国银行进账单**　　（回 单）　1

年 月 日　　XV 16579928

付款人	全　称		收款人	全　称	
	账　号			账　号	
	开户银行			开户银行	

金额	人民币（大写）	亿	千	百	十	万	千	百	十	元	角	分

票据种类		票据张数	
票据号码			
复核　记账			交给银行后视为已盖章

此联是开户银行交给持（出）票人的回单

40.19日，接受广州达利公司以一项专利权作价投资，相关业务单据见表3-82-1和表3-82-2。

表3-82-1　**专利权投资合作协议**

甲方：广州达利有限公司

地址：广州市爱国路88号

法定代表人：郭志军

乙方：广州市美味饮品有限公司

地址：广州市友谊路68号

法定代表人：陈伟贤

根据《中华人民共和国民法典》和《中华人民共和国公司法》等相关法律规定，甲乙双方就投资一事达成如下协议：

第一条 甲方以其所拥有的专利权投资给乙方。

第二条 甲方所拥有的专利权经评估，价格为人民币壹拾贰万元整（￥120 000.00）。

第三条 甲方所拥有的专利状况为：

序号：A135

专 利 名 称：特质灭菌奶

专利号码：1688168

权利人：郭志军

状态： 专利权授予

有效期：2032年3月1日

第四条 出资期限为2022年03月19日。

第五条 甲方在本合同项下有关的评估、鉴定、保险、保管、运输等费用均由甲方承担；乙方在本合同项下有关的评估、鉴定、保险、保管、运输等费用由乙方承担。

第六条 甲方出资无形资产使用权交付日期为2022年03月19日。

……

广州达利有限公司

甲方（公章）：

法定代表人：郭志军

日期：2022年3月19日

广州市美味饮品有限公司

乙方（公章）：

法定代表人：陈伟贤

日期：2022年3月19日

表3-82-2

广东增值税普通发票

340000017184　　　　发　票　联　　　　NO 12220034

开票日期：2022年03月19日

购买方	名　　称：广州市美味饮品有限公司 纳税人识别号：440103456789111345 地 址 、电 话：广州市友谊路68号020-83547890 开户行及账号：中行友谊支行22233388					密码区	（略）	
货物或应税劳务、服务名称	规格型号	单位	数量	单价	金额	税率	税额	
*无形资产*专利权		次	1	113 207.55	113 207.55	6%	6 792.45	
合计					￥113 207.55		￥6 792.45	
价税合计（大写）	⊗壹拾贰万元整						（小写）￥120 000.00	
销售方	名　　称：广州达利有限公司 纳税人识别号：441547541236548789 地 址 、电 话：广州市爱国路88号020-12345670 开户行及账号：工行广州支行 2309451					备注	广州达利有限公司 441547541236548789 发票专用章	

第二联　发票联　购买方记账凭证

收款人：胡兵　　　复核：苏得甜　　　开票人：谢志灵　　　销售方：（章）

41.19日，与沃尔玛有限公司签订销售合同，销售灭菌乳酸饮料，付款条件为“2/10，1/20，N/30”。货已发出，货款未收，相关业务单据见表3-83至表3-85。

表3-83

购销合同

卖方：广州市美味饮品有限公司　　　　合同编号：P0812

买方：沃尔玛有限公司

为保护买卖双方的合法权益，买卖双方根据《中华人民共和国民法典》的有关规定，经协商，一致同意签订本合同，共同遵守。

一、货物的名称、数量及价格：

货物的名称	规格型号	计量单位	数量	单价（不含税）	金额（不含税）	税率	价税合计（元）
灭菌乳酸饮料		盒	7 500	3.50	26 250.00	13%	29 662.50

二、运输费用承担方式：由销货方负责联系送货，运输费用由购货方承担。

三、付款结算方式：支票结算。

四、付款期限：“2/10，1/20，N/30”，按价款结算。

五、合同总金额：合同总金额为人民币贰万玖仟陆佰陆拾贰元伍角整（￥29 662.50）。

……

卖　方	广州市美味饮品有限公司	买　方	沃尔玛有限公司
纳税人识别号	440103456789111345	纳税人识别号	440103456783201012
授权代表	余芳婷	授权代表	李敏浩
开户银行	中行友谊支行	开户银行	中行迎宾支行
账　　号	22233388	账　　号	69325581
地　　址	广州市友谊路68号	地　　址	广州市迎宾路21号
电　　话	020-83547890	电　　话	020-83381211
日　　期	2022年03月19日	日　　期	2022年03月19日

表3-84

广东增值税专用发票

440000041140　　此联不作报销、扣税凭证使用　　NO 12100007

开票日期：2022年03月19日

购买方	名　　称：沃尔玛有限公司 纳税人识别号：440103456783201012 地 址 、电 话：广州市迎宾路21号020-83381211 开户行及账号：中行迎宾支行 69325581				密码区	（略）	
货物或应税劳务、服务名称	规格型号	单位	数量	单价	金额	税率	税额
*软饮料*灭菌乳酸饮料		盒	7 500	3.50	26 250.00	13%	3 412.50
合计					￥26 250.00		￥3 412.50
价税合计（大写）	⊗贰万玖仟陆佰陆拾贰元伍角整					（小写）	￥29 662.50
销售方	名　　称：广州市美味饮品有限公司 纳税人识别号：440103456789111345 地 址 、电 话：广州市友谊路68号 020-83547890 开户行及账号：中行友谊支行 22233388				备注	广州市美味饮品有限公司 440103456789111345 发票专用章	

收款人：潘鸿杰　　复核：翁小莉　　开票人：余芳婷　　销售方：（章）

第一联　记账联　销售方记账凭证

表3-85

销售出库单

发货仓库:成品仓　　第7号

用途：销售　　2022年3月19日　　金额单位：元

名称	编号	规格	单位	应发数量	实发数量	单位成本	金额
灭菌乳酸饮料			盒	7 500	7 500		
备注：							

复核：胡嘉欣　　经手：陈运瑜

第三联　财务记账

42.19日，以现金支付印刷产品促销宣传单费用，相关业务单据见表3-86至表3-88。

表3-86

广东增值税专用发票

全国统一发票监制章 国家税务总局 广东省税务局

发　票　联

440000047030　　　　NO 05665888

开票日期：2022年03月19日

购买方	名　　称：广州市美味饮品有限公司 纳税人识别号：440103456789111345 地 址 、电 话：广州市友谊路68号020-83547890 开户行及账号：中行友谊支行 22233388				密码区	（略）	
货物或应税劳务、服务名称	规格型号	单位	数量	单价	金额	税率	税额
*印刷品*宣传单		张	600	0.20	120.00	6%	7.20
合计					￥120.00		￥7.20
价税合计（大写）	⊗壹佰贰拾柒元贰角整					（小写）￥127.20	
销售方	名　　称：广州市凌彩广告有限公司 纳税人识别号：440103741289146567 地 址 、电 话：广州市天河路28号020-81203166 开户行及账号：工行天河支行88776921				备注	广州市凌彩广告有限公司 440103741289146567 发票专用章	

收款人：林晓梦　　复核：欧阳静　　开票人：李杰　　销售方：（章）

第三联 发票联 购买方记账凭证

表3-87

广东增值税专用发票

全国统一发票监制章 国家税务总局 广东省税务局

抵　扣　联

440000047030　　　　NO 05665888

开票日期：2022年03月19日

购买方	名　　称：广州市美味饮品有限公司 纳税人识别号：440103456789111345 地 址 、电 话：广州市友谊路68号020-83547890 开户行及账号：中行友谊支行22233388				密码区	（略）	
货物或应税劳务、服务名称	规格型号	单位	数量	单价	金额	税率	税额
*印刷品*宣传单		张	600	0.20	120.00	6%	7.20
合计					￥120.00		￥7.20
价税合计（大写）	⊗壹佰贰拾柒元贰角整					（小写）￥127.20	
销售方	名　　称：广州市凌彩广告有限公司 纳税人识别号：440103741289146567 地 址 、电 话：广州市天河路28号020-81203166 开户行及账号：工行天河支行88776921				备注	广州市凌彩广告有限公司 440103741289146567 发票专用章	

收款人：林晓梦　　复核：欧阳静　　开票人：李杰　　销售方：（章）

第二联 抵扣联 购买方扣税凭证

表3-88

支出凭单

附件1张 2022年3月19日 第7号

支出项目	金额						
	万	千	百	十	元	角	分
促销宣传单印刷费			1	2	7	2	0
现金付讫							
小计		¥	1	2	7	2	0
合计（大写）人民币零万零仟壹佰贰拾柒元贰角零分							

审批：陈伟贤 出纳：潘鸿杰 会计：陈泽君 经手人：余芳婷

43.20日，购入生产设备物料泵，已支付货款，运费由武汉顺心贸易公司代收，用现金支付一笔专业人员安装服务费，设备已验收，交由生产部门投入使用，相关业务单据见表3-89至表3-96。

表3-89

湖北增值税专用发票

发票联

国家税务总局湖北省税务局

440000041140 NO 22100007

开票日期：2022年03月20日

购买方	名称：广州市美味饮品有限公司 纳税人识别号：440103456789111345 地址、电话：广州市友谊路68号020-83547890 开户行及账号：中行友谊支行 22233388					密码区	（略）
货物或应税劳务、服务名称	规格型号	单位	数量	单价	金额	税率	税额
*泵*物料泵		台	1	1 500.00	1 500.00	13%	195.00
合计					¥1 500.00		¥195.00
价税合计（大写）	⊗壹仟陆佰玖拾伍元整				（小写）¥1 695.00		
销售方	名称：武汉顺心贸易公司 纳税人识别号：576876515793333210 地址、电话：武汉市三阳路568号027-57687651 开户行及账号：交行三阳支行229763231					备注	武汉顺心贸易公司 576876515793333210 发票专用章

收款人：刘虹 复核：黎光明 开票人：王成 销售方：（章）

第三联 发票联 购买方记账凭证

表3-90

湖北增值税专用发票

全国统一发票监制章 国家税务总局 湖北省税务局

440000041140　　抵　扣　联　　NO 22100007

开票日期：2022年03月20日

购买方	名　　称：广州市美味饮品有限公司 纳税人识别号：440103456789111345 地 址 、电 话：广州市友谊路68号020-83547890 开户行及账号：中行友谊支行22233388	密码区	（略）

货物或应税劳务、服务名称	规格型号	单位	数量	单价	金额	税率	税额
泵 物料泵		台	1	1 500.00	1 500.00	13%	195.00
合计					￥1 500.00		￥195.00
价税合计（大写）	⊗壹仟陆佰玖拾伍元整						（小写）￥1 695.00

销售方	名　　称：武汉顺心贸易公司 纳税人识别号：576876515793333210 地 址 、电 话：武汉市三阳路568号027-57687651 开户行及账号：交行三阳支行229763231	备注	武汉顺心贸易公司 576876515793333210 发票专用章

收款人：刘虹　　复核：黎光明　　开票人：王成　　销售方：（章）

第二联　抵扣联　购买方扣税凭证

表3-91

湖北增值税专用发票

全国统一发票监制章 国家税务总局 湖北省税务局

420863178430　　抵　扣　联　　NO 00762623

开票日期：2022年03月20日

购买方	名　　称：广州市美味饮品有限公司 纳税人识别号：440103456789111345 地 址 、电 话：广州市友谊路68号020-83547890 开户行及账号：中行友谊支行22233388	密码区	（略）

货物或应税劳务、服务名称	规格型号	单位	数量	单价	金额	税率	税额
运输服务 运费		次	1	1 000.00	1 000.00	9%	90.00
合计					￥1 000.00		￥90.00
价税合计（大写）	⊗壹仟零玖拾元整						（小写）￥1 090.00

销售方	名　　称：武汉顺意运输公司 纳税人识别号：576876515793333211 地 址 、电 话：武汉市楚雄路29号 027-57428532 开户行及账号：工行洪山支行63528654863	备注	武汉顺意运输公司 576876515793333211 发票专用章

收款人：黄京　　复核人：段若男　　开票人：袁知乔　　销售方：（章）

第二联　抵扣联　购买方扣税凭证

表3-92

湖北增值税专用发票

420863178430　　发　票　联　　NO 00762623

开票日期：2022年03月20日

购买方	名　　称：广州市美味饮品有限公司 纳税人识别号：440103456789111345 地 址 、电 话：广州市友谊路68号020-83547890 开户行及账号：中行友谊支行22233388				密码区	（略）	
货物或应税劳务、服务名称	规格型号	单位	数量	单价	金额	税率	税额
*运输服务*运费		次	1	1 000.00	1 000.00	9%	90.00
合计					￥1 000.00		￥90.00
价税合计（大写）	⊗壹仟零玖拾元整						（小写）￥1 090.00
销售方	名　　称：武汉顺意运输公司 纳税人识别号：57687651579333321 1 地 址 、电 话：武汉市楚雄路29号 027-57428532 开户行及账号：工行洪山支行63528654863				备注		

收款人：黄京　　复核：段若男　　开票人：袁知乔　　销售方（章）

第三联 发票联 购买方记账凭证

表3-93

湖北增值税专用发票

340000171576　　发　票　联　　NO 12220037

开票日期：2022年03月20日

购买方	名　　称：广州市美味饮品有限公司 纳税人识别号：440103456789111345 地 址 、电 话：广州市友谊路68号020-83547890 开户行及账号：中行友谊支行22233388				密码区	（略）	
货物或应税劳务、服务名称	规格型号	单位	数量	单价	金额	税率	税额
*建筑服务*安装服务费		次	1	80.00	80.00	9%	7.20
合计					￥80.00		￥7.20
价税合计（大写）	⊗捌拾柒元贰角整						（小写）￥87.20
销售方	名　　称：武汉顺联服务公司 纳税人识别号：576876888891234321 地 址 、电 话：武汉市通达路184号 027-57969996 开户行及账号：工行长江支行22998466				备注		

收款人：贾胜莲　　复核：何香花　　开票人：陆美媚　　销售方：（章）

第二联 抵扣联 购买方扣税凭证

表3-94

支出凭单

附件1张　　2022年3月20日　　第8号

支出项目	金额 万	千	百	十	元	角	分
专业人员服务费				8	7	2	0
现金付讫							
小计			¥	8	7	2	0
合计（大写）人民币零万零仟零佰捌拾柒元贰角零分							

审批：陈伟贤　　出纳：潘鸿杰　　会计：陈泽君　　经手人：胡嘉欣

表3-95

固定资产验收单

编号N654790

发票号码2210007　　2022年3月20日

名称	单位	数量	设备价款（元）	预计使用年限	使用部门
物料泵	台	1	2 580.00	10年	生产车间

财务主管：汤颖妍　　记账：陈泽君　　使用部门：生产车间　　制单：陈泽君

表3-96

中国银行　信汇凭证（收账通知或取款收据）

4　　第　号

委托日期　2022年　3月　20日　　应解汇款编号

汇款人	全称	广州市美味饮品有限公司	收款人	全称	武汉顺心贸易公司
	账号	22233388		账号	229763231
	汇出地点	广东省　广州　市/县		汇入地点	湖北省　武汉　市/县
汇出行名称		中行友谊支行	汇入行名称		交行三阳支行
金额	人民币（大写）	贰仟柒佰捌拾伍元整	亿千百十万千百十元角分		¥278500
汇款用途：如需加急，请在括号内注明（　）			支付密码		
中国银行广州友谊支行 2022.03.20 业务专用章 12（03） 汇出行签章			附加信息及用途：支付设备款 复核：　记账：王玲		

此联是给收款人的收账通知或代取款收据

44.20日，行政管理部门销售废旧报纸，收到现金480元，相关业务单据见表3-97。

表3-97

收款收据

2022年3月20日　　　　编号：003

交款人（单位）	广州废品回收							
摘　要	今收到广州废品回收480元							
金额（大写）	人民币肆佰捌拾元整　现金收讫	万	千	百	十	元	角	分
			¥	4	8	0	0	0

第一联　记账联

财务主管：汤颖妍　　会计：陈泽君　　出纳：潘鸿杰　　经手人：潘鸿杰

45.21日，财务部门计算工资，收到办公室转来本月考勤及岗位变动数据如下：陈伟贤请年假3天，邵可茵请婚假4天，翁小莉请病假2天，邓超请事假3天，余芳婷出差请公假3天。

46.22日，现金清查时发现现金溢余50元。（单据略）

47.22日，灭菌乳酸饮料完工入库，相关业务单据见表3-98。

表3-98

产成品入库单

2022年3月22日　　　　第2号

名称	编号	规格	单位	数量	备注
灭菌乳酸饮料			盒	20 000	
备注：					

第三联　财务记账

复核：胡嘉欣　　　　经手：陈运瑜

48.22日，接受深圳市华强有限公司投资的生产设备一台，相关业务单据见表3-99至表3-101。（投资协议略）

表 3-99

广东增值税专用发票

440000041140　　发　票　联　　NO 22100008

开票日期：2022 年 03 月 22 日

购买方	名　　称：广州市美味饮品有限公司 纳税人识别号：440103456789111345 地 址 、电 话：广州市友谊路 68 号 020-83547890 开户行及账号：中行友谊支行 22233388	密码区	（略）

货物或应税劳务、服务名称	规格型号	单位	数量	单价	金额	税率	税额
通用设备 杀菌器		台	1	100 000.00	100 000.00	13%	13 000.00
合计					¥100 000.00		¥13 000.00
价税合计（大写）	⊗壹拾壹万叁仟元整					（小写）¥113 000.00	

销售方	名　　称：深圳市华强有限公司 纳税人识别号：440103451116789876 地 址 、电 话：深圳市龙岗区友好路 168 号 0755-45111678 开户行及账号：交行龙岗支行 763222931	备注	

收款人：陈娜虹　　复核：蓝明　　开票人：严王　　销售方：（章）

第三联　发票联　购买方记账凭证

表 3-100

广东增值税专用发票

440000041140　　抵　扣　联　　NO 22100008

开票日期：2022 年 03 月 22 日

购买方	名　　称：广州市美味饮品有限公司 纳税人识别号：440103456789111345 地 址 、电 话：广州市友谊路 68 号 020-83547890 开户行及账号：中行友谊支行 22233388	密码区	（略）

货物或应税劳务、服务名称	规格型号	单位	数量	单价	金额	税率	税额
通用设备 杀菌器		台	1	100 000.00	100 000.00	13%	13 000.00
合计					¥100 000.00		¥13 000.00
价税合计（大写）	⊗壹拾壹万叁仟元整				（小写）¥113 000.00		

销售方	名　　称：深圳市华强有限公司 纳税人识别号：440103451116789876 地 址 、电 话：深圳市龙岗区友好路 168 号 0755-45111678 开户行及账号：交行龙岗支行 763222931	备注	

收款人：陈娜虹　　复核：蓝明　　开票人：严王　　销售方：（章）

第二联　抵扣联　购买方扣税凭证

表3-101　　**固定资产验收单**　　编号N654791

发票号码2210008　　2022年3月22日

名称	单位	数量	设备价款（元）	预计使用年限	使用部门
杀菌器	台	1	100 000.00	10年	生产车间

财务主管：汤颖妍　　记账：陈泽君　　使用部门：生产部门　　制单：陈泽君

49.22日，向百佳有限公司销售活性乳酸饮料和灭菌乳酸饮料，货款尚未收到，相关业务单据见表3-102和表3-103。

表3-102　　**广东增值税专用发票**

（印章：全国统一发票监制章 国家税务总局 广东省税务局）

440000041140　　此联不作报销、扣税凭证使用　　NO 12100008

开票日期：2022年03月22日

购买方	名　　称：百佳有限公司 纳税人识别号：440103695413820123 地 址 、电 话：广州市红旗路48号020-83456678 开户行及账号：建行红旗支行43810548				密码区	（略）	
货物或应税劳务、服务名称	规格型号	单位	数量	单价	金额	税率	税额
软饮料 活性乳酸饮料		瓶	5 000	3.00	15 000.00	13%	1 950.00
软饮料 灭菌乳酸饮料		盒	7 500	3.50	26 250.00	13%	3 412.50
合计					￥41 250.00		￥5 362.50
价税合计（大写）	⊗肆万陆仟陆佰壹拾贰元伍角整					（小写）￥46 612.50	
销售方	名　　称：广州市美味饮品有限公司 纳税人识别号：440103456789111345 地 址 、电 话：广州市友谊路68号020-83547890 开户行及账号：中行友谊支行22233388				备注	（印章：广州市美味饮品有限公司 440103456789111345 发票专用章）	

第一联 记账联 销售方记账凭证

收款人：潘鸿杰　　复核：翁小莉　　开票人：余芳婷　　销售方：（章）

表3-103　　**销售出库单**

发货仓库:成品仓　　第8号

用途：销售　　2022年3月22日　　金额单位：元

名称	编号	规格	单位	应发数量	实发数量	单位成本	金额
活性乳酸饮料			瓶	5 000	5 000		
灭菌乳酸饮料			盒	7 500	7 500		
备注：							

第三联　财务记账

复核：胡嘉欣　　经手：陈运瑜

50.22日，购印花税票，相关业务单据见表3-104和表3-105。

表3-104　　**广州市税务局统一收据**

2022年3月22日　　编号：578962

交款人（单位）	广州市美味饮品有限公司									
摘　要	购印花税票									
金额(大写)	人民币壹佰壹拾元整	千	百	十	万	千	百	十	元	角	分
						¥	1	1	0	0	0

付款方报销凭证

现金收讫

广州市税务局

收款单位：（财务公章）　　主管：　　会计：　　收款人：陈列

表3-105　　**支出凭单**

附件1张　　2022年3月22日　　第9号

支出项目	金额						
	万	千	百	十	元	角	分
印花税			1	1	0	0	0
小　计		¥	1	1	0	0	0
合计（大写）人民币零万零仟壹佰壹拾零元零角零分							

现金付讫

审批：陈伟贤　　出纳：潘鸿杰　　会计：陈泽君　　经手人：余芳婷

51.23日，预收万佳有限公司货款，相关业务单据见表3-106至表3-108。

表3-106

支票正面

中国工商银行 **支票**		03601130 22300151
付款期限自出票之日起十天	出票日期（大写）贰零贰贰 年 叁 月 贰拾叁 日 收款人：广州市美味饮品有限公司	付款行名称：工行爱国支行 出票人账号：36542234

人民币（大写）	伍仟元整	亿	千	百	十	万	千	百	十	元	角	分
						¥	5	0	0	0	0	0

用途 货款

上列款项请从

我账户内支付

出票人签章

万佳有限公司财务专用章

大同方印

密码__________

行号__________

复核 记账

表3-107

支票反面

附加信息：	被背书人	被背书人	（粘贴单处）
	背书人签章 年 月 日	背书人签章 年 月 日	

表3-108

中国银行进账单 （回 单） 1

年 月 日

XV 16500110

付款人	全 称		收款人	全 称	
	账 号			账 号	
	开户银行			开户银行	

金额	人民币（大写）	亿	千	百	十	万	千	百	十	元	角	分

票据种类		票据张数		交给银行后视为已盖章
票据号码				
复核 记账				

此联是开户银行交给持（出）票人的回单

52.23日，支付水费，相关业务单据见表3-109至表3-111。

表3-109

广东增值税专用发票

发　票　联

440000041140　　　　NO 22300005

开票日期：2022年03月23日

购买方	名　　称：广州市美味饮品有限公司 纳税人识别号：440103456789111345 地 址 、电 话：广州市友谊路68号020-83547890 开户行及账号：中行友谊支行 22233388					密码区	（略）	
货物或应税劳务、服务名称	规格型号	单位	数量	单价	金额	税率	税额	
水冰雪 水费		立方米	320	2.50	800.00	9%	72.00	
合计					￥800.00		￥72.00	
价税合计（大写）	⊗捌佰柒拾贰元整					（小写）￥872.00		
销售方	名　　称：广州市自来水公司 纳税人识别号：440103458146368765 地 址 、电 话：广州市爱国路88号020-58146368 开户行及账号：中行南方支行　68632177					备注		

收款人：陈芳　　复核：鲁强　　开票人：杨光　　销售方：（章）

第三联 发票联 购买方记账凭证

表3-110

广东增值税专用发票

抵　扣　联

440000041140　　　　NO 22300005

开票日期：2022年03月23日

购买方	名　　称：广州市美味饮品有限公司 纳税人识别号：440103456789111345 地 址 、电 话：广州市友谊路68号020-83547890 开户行及账号：中行友谊支行 22233388					密码区	（略）	
货物或应税劳务、服务名称	规格型号	单位	数量	单价	金额	税率	税额	
水冰雪 水费		立方米	320	2.50	800.00	9%	72.00	
合计					￥800.00		￥72.00	
价税合计（大写）	⊗捌佰柒拾贰元整					（小写）￥872.00		
销售方	名　　称：广州市自来水公司 纳税人识别号：440103458146368765 地 址 、电 话：广州市爱国路88号020-58146368 开户行及账号：中行南方支行　68632177					备注		

收款人：陈芳　　复核：鲁强　　开票人：杨光　　销售方：（章）

第二联 抵扣联 购买方扣税凭证

表3-111

中国银行特种转账借方凭证

币种：人民币　　2022年3月23日　　流水号：5463

付款人	全　称	广州市美味饮品有限公司	收款人	全　称	广州市自来水公司
	账　号	22233388		账　号	68632177
	开户行	中行友谊支行		开户行	中行南方支行
大写金额		（人民币）捌佰捌拾元整			￥880.00
用途	代收水费		中国银行广州友谊支行 2022.03.23 业务专用章 12（03） 银行盖章		
备注：					

客户回单

53.23日，收到沃尔玛有限公司支付的货款。相关业务单据见表3-112至表3-114。（提示：对应41题）

表3-112

支票正面

中国工商银行　支票　　10304430　22300128

付款期限自出票之日起十天

出票日期（大写）贰零贰贰 年 叁 月 贰拾叁 日　　付款行名称：中行迎宾支行

收款人：广州市美味饮品有限公司　　出票人账号：69325581

人民币（大写）	亿	千	百	十	万	千	百	十	元	角	分
贰万玖仟壹佰叁拾柒元伍角整				￥	2	9	1	3	7	5	0

用途　货款　　密码＿＿＿＿

上列款项请从我账户内支付　　行号＿＿＿＿

出票人签章　沃尔玛有限公司财务专用章　陈晓明章

复核　记账

表3-113

支票反面

附加信息：	被背书人	被背书人
	背书人签章 年　月　日	背书人签章 年　月　日

（粘贴单处）

表3-114

中国银行进账单

（回 单）　1

年　月　日　　　　XV 16501231

付款人	全　称		收款人	全　称											
	账　号			账　号											
	开户银行			开户银行											
金额	人民币（大写）				亿	千	百	十	万	千	百	十	元	角	分
票据种类		票据张数													
票据号码															
复核　记账				交给银行后视为已盖章											

此联是开户银行交给持（出）票人的回单

54.25日，收到百佳有限公司支付的货款，相关业务单据见表3-115至表3-117。（提示：对应49题）

表3-115　**支票正面**

中国建设银行　支票　　10304430

22300129

付款期限自出票之日起十天

出票日期（大写）贰零贰贰 年 叁 月 贰拾伍 日　　付款行名称：建行红旗支行

收款人：广州市美味饮品有限公司　　出票人账号：43810548

		亿	千	百	十	万	千	百	十	元	角	分
人民币（大写）	肆万陆仟陆佰壹拾贰元伍角整				¥	4	6	6	1	2	5	0

用途　货款

上列款项请从我账户内支付

出票人签章　　百佳有限公司财务专用章　　林晓莉章

密码

行号

复核　记账

表3-116　**支票反面**

附加信息：	被背书人	被背书人
	背书人签章　年　月　日	背书人签章　年　月　日

（粘贴单处）

表3-117

中国银行进账单

（回　单）　1

年　月　日　　XV 16505652

<table>
<tr><td rowspan="3">付款人</td><td>全　　称</td><td></td><td rowspan="3">收款人</td><td>全　　称</td><td colspan="11"></td></tr>
<tr><td>账　　号</td><td></td><td>账　　号</td><td colspan="11"></td></tr>
<tr><td>开户银行</td><td></td><td>开户银行</td><td colspan="11"></td></tr>
<tr><td rowspan="2">金额</td><td colspan="4" rowspan="2">人民币
（大写）</td><td>亿</td><td>千</td><td>百</td><td>十</td><td>万</td><td>千</td><td>百</td><td>十</td><td>元</td><td>角</td><td>分</td></tr>
<tr><td></td><td></td><td></td><td></td><td></td><td></td><td></td><td></td><td></td><td></td><td></td></tr>
<tr><td>票据种类</td><td></td><td>票据张数</td><td></td><td colspan="12" rowspan="3">交给银行后视为已盖章</td></tr>
<tr><td>票据号码</td><td colspan="3"></td></tr>
<tr><td colspan="4">复核　　记账</td></tr>
</table>

此联是开户银行交给持（出）票人的回单

55.28日，收到万佳有限公司支付的剩余货款，开出增值税专用发票，相关业务单据见表3-118至表3-122。（提示：对应51题）

表3-118

广东增值税专用发票

（印章：全国统一发票监制章　国家税务总局　广东省税务局）

440000041140　　此联不作报销、扣税凭证使用　　NO 12100009

开票日期：2022年03月28日

<table>
<tr><td>购买方</td><td colspan="5">名　　　称：万佳有限公司
纳税人识别号：440103668724690123
地 址 、电 话：广州市爱国路10号 020-83542668
开户行及账号：工行爱国支行　36542234</td><td>密码区</td><td colspan="2">（略）</td></tr>
<tr><td>货物或应税劳务、服务名称</td><td>规格型号</td><td>单位</td><td>数量</td><td>单价</td><td>金额</td><td>税率</td><td colspan="2">税额</td></tr>
<tr><td>*软饮料* 活性乳酸饮料</td><td></td><td>瓶</td><td>8 000</td><td>3.00</td><td>24 000.00</td><td>13%</td><td colspan="2">3 120.00</td></tr>
<tr><td>*软饮料* 灭菌乳酸饮料</td><td></td><td>盒</td><td>10 000</td><td>3.50</td><td>35 000.00</td><td>13%</td><td colspan="2">4 550.00</td></tr>
<tr><td>合计</td><td></td><td></td><td></td><td></td><td>￥59 000.00</td><td></td><td colspan="2">￥7 670.00</td></tr>
<tr><td>价税合计（大写）</td><td colspan="6">⊗陆万陆仟陆佰柒拾元整</td><td colspan="2">（小写）￥66 670.00</td></tr>
<tr><td>销售方</td><td colspan="5">名　　　称：广州市美味饮品有限公司
纳税人识别号：440103456789111345
地 址 、电 话：广州市友谊路68号 020-83547890
开户行及账号：中行友谊支行 22233388</td><td>备注</td><td colspan="2">（印章：广州市美味饮品有限公司　440103456789111345　发票专用章）</td></tr>
</table>

收款人：潘鸿杰　　复核：翁小莉　　开票人：余芳婷　　销售方：（章）

第一联　记账联　销售方记账凭证

表3-119

销售出库单

发货仓库:成品仓　　第9号

用途：销售　　2022年3月28日　　金额单位：元

名称	编号	规格	单位	应发数量	实发数量	单位成本	金额
活性乳酸饮料			瓶	8 000	8 000		
灭菌乳酸饮料			盒	10 000	10 000		
备注：							

第三联 财务记账

复核：胡嘉欣　　经手：陈运瑜

表3-120

支票正面

中国工商银行 **支票**　　03601130 22300152

付款期限自出票之日起十天

出票日期（大写）贰零贰贰 年 叁 月 贰拾捌 日　　付款行名称：工行爱国支行

收款人：广州市美味饮品有限公司　　出票人账号：36542234

人民币（大写）	陆万壹仟陆佰柒拾元整	亿	千	百	十	万	千	百	十	元	角	分
					¥	6	1	6	7	0	0	0

用途 货款

上列款项请从

我账户内支付

出票人签章

万佳有限公司财务专用章　　大方同章

密码

行号

复核　记账

表3-121

支票反面

附加信息：	被背书人	被背书人
	背书人签章 年 月 日	背书人签章 年 月 日

（粘贴单处）

表3-122

中国银行进账单 （回 单） 1

年 月 日 XV 16508888

<table>
<tr><td rowspan="3">付款人</td><td>全 称</td><td></td><td rowspan="3">收款人</td><td>全 称</td><td colspan="11"></td></tr>
<tr><td>账 号</td><td></td><td>账 号</td><td colspan="11"></td></tr>
<tr><td>开户银行</td><td></td><td>开户银行</td><td colspan="11"></td></tr>
<tr><td rowspan="2">金额</td><td colspan="4" rowspan="2">人民币
（大写）</td><td>亿</td><td>千</td><td>百</td><td>十</td><td>万</td><td>千</td><td>百</td><td>十</td><td>元</td><td>角</td><td>分</td></tr>
<tr><td></td><td></td><td></td><td></td><td></td><td></td><td></td><td></td><td></td><td></td><td></td></tr>
<tr><td>票据种类</td><td></td><td>票据张数</td><td></td><td colspan="12" rowspan="3">交给银行后视为已盖章</td></tr>
<tr><td>票据号码</td><td colspan="3"></td></tr>
<tr><td colspan="4">复核 记账</td></tr>
</table>

此联是开户银行交给持（出）票人的回单

56.31日，计提折旧，相关业务单据见表3-123。

表3-123

固定资产折旧清单

2022年3月31日

金额单位：元

卡片编号	资产编号	使用部门	资产类别	资产名称	计提原值	残净值率	使用年限	本月折旧
00001	01001	管理部门	房屋及建筑物	办公楼	1 000 000.00	10%	25	
00003	02001		办公设备	电脑	3 000.00	1%	5	
00004	02002	采购部门	办公设备	电脑	3 000.00	1%	5	
00005	02003	销售部门	办公设备	电脑	3 000.00	1%	5	
00002	01002	生产部门	房屋及建筑物	厂房	1 000 000.00	10%	25	
00006	03001		水处理设备	全自动软水器	30 000.00	2%	8	
00007	03002			精密过滤器	20 000.00	2%	8	
00008	03003			多介质过滤器	21 000.00	2%	8	
00009	03004			活性炭过滤器	12 000.00	2%	8	
00010	03005			反渗透净水设备	24 000.00	2%	8	
00011	03006			储存器	30 000.00	2%	8	
00012	04001		生产设备	板式换热器	26 000.00	2%	10	
00013	04002			直冷式贮奶罐	12 000.00	2%	10	
00014	04003			脱气机	15 000.00	2%	10	
00015	04004			CIP清洗系统	550 000.00	2%	10	
00016	04005			物料泵	1 500.00	2%	10	
00017	04006			均质机	38 000.00	2%	10	
00018	04007			杀菌器	150 000.00	2%	10	
00019	04008			全自动链条式灌装封口机	210 000.00	2%	10	
00020	04009			调配罐	13 200.00	2%	10	
00021	04010			砖型纸盒包装机	300 000.00	2%	10	
00022	04011			高速搅伴缸	30 000.00	2%	10	
00023	04012			缓冲罐	9 000.00	2%	10	
合 计					3 500 700.00	—	—	

57.31日，摊销无形资产，相关业务单据见表3-124。

表3-124

无形资产摊销计算表

年　月　日

项目	金额（元）	年限（年）	月摊销额（元）
专利权			
非专利技术			
专利权（特质灭菌奶）			
合 计			

复核：　　　　　　　　　　　　　　　　　　制表：

58.31日，处理坏账，相关业务单据见表3-125。

表3-125

财务会议纪要

3月31日，本公司获悉实惠多有限公司突然关门歇业，导致原本2月向该公司销售的灭菌乳酸饮料1 000元货款成了事实上的坏账，同意由财务部处理。

广州市美味饮品有限公司

2022年3月31日

59.31日，处理现金溢余，相关业务单据见表3-126。（提示：对应46题）

表3-126

财务会议纪要

经3月31日董事会决定，查明发现的现金溢余50元由于无法查明原因，同意由财务部处理。

广州市美味饮品有限公司

2022年3月31日

60.31日，分配工资成本费用，相关业务单据见表3-127。

表3-127　　**广州市美味饮品有限公司工资汇总分配表**

2022年3月31日　　单位：元

应借账户＼部门		生产部门	管理部门	财务部门	采购部门	销售部门	合计
生产成本	活性乳酸饮料	4 099.32					4 099.32
	灭菌乳酸饮料	4 320.00					4 320.00
制造费用		1 780.00					1 780.00
管理费用			6 080.00	9 110.00	4 080.00		19 270.00
销售费用						4 106.44	4 106.44
合　计		10 199.32	6 080.00	9 110.00	4 080.00	4 106.44	33 575.76

审核：汤颖妍　　制单：陈泽君

61.31日，分配企业承担的养老保险，相关业务单据见表3-128。（提示：会计手工下可将第61题至66题合并处理）

表3-128　　**广州市美味饮品有限公司养老保险分配表**

2022年3月31日　　金额单位：元

部门及人员		分配比例	分配基数	分配金额
生产部门	活性乳酸生产工人	14%	3 200.00	
	灭菌乳酸生产工人	14%	3 200.00	
	生产主管	14%	1 000.00	
管理、财务、采购部门人员		14%	12 500.00	
销售部门人员		14%	2 500.00	
合　计		—	22 400.00	

审核：汤颖妍　　制单：陈泽君

62.31日，分配企业承担的医疗保险，相关业务单据见表3-129。

表3-129　　**广州市美味饮品有限公司医疗保险分配表**

2022年3月31日　　金额单位：元

部门及人员		分配比例	分配基数	分配金额
生产部门	活性乳酸生产工人	6.5%	3 200.00	
	灭菌乳酸生产工人	6.5%	3 200.00	
	生产主管	6.5%	1 000.00	
管理、财务、采购部门人员		6.5%	12 500.00	
销售部门人员		6.5%	2 500.00	
合　计		—	22 400.00	

审核：汤颖妍　　制单：陈泽君

63.31日，分配企业承担的失业保险，相关业务单据见表3-130。

表3-130　**广州市美味饮品有限公司失业保险分配表**

2022年3月31日　　金额单位：元

部门及人员		分配比例	分配基数	分配金额
生产部门	活性乳酸生产工人	0.64%	3 200.00	
	灭菌乳酸生产工人	0.64%	3 200.00	
	生产主管	0.64%	1 000.00	
管理、财务、采购部门人员		0.64%	12 500.00	
销售部门人员		0.64%	2 500.00	
合　计		—	22 400.00	

审核：汤颖妍　　制单：陈泽君

64.31日，分配企业承担的工伤保险，相关业务单据见表3-131。

表3-131　**广州市美味饮品有限公司工伤保险分配表**

2022年3月31日　　金额单位：元

部门及人员		分配比例	分配基数	分配金额
生产部门	活性乳酸生产工人	0.5%	3 200.00	
	灭菌乳酸生产工人	0.5%	3 200.00	
	生产主管	0.5%	1 000.00	
管理、财务、采购部门人员		0.5%	12 500.00	
销售部门人员		0.5%	2 500.00	
合　计		—	22 400.00	

审核：汤颖妍　　制单：陈泽君

65.31日，分配企业承担的住房公积金，相关业务单据见表3-132。

表3-132　**广州市美味饮品有限公司住房公积金分配表**

2022年3月31日　　金额单位：元

部门及人员		分配比例	分配基数	分配金额
生产部门	活性乳酸生产工人	12%	3 200.00	
	灭菌乳酸生产工人	12%	3 200.00	
	生产主管	12%	1 000.00	
管理、财务、采购部门人员		12%	12 500.00	
销售部门人员		12%	2 500.00	
合　计		—	22 400.00	

审核：汤颖妍　　制单：陈泽君

66.31日，生产部门杨星城在生产过程中损坏生产设备零件，需进行赔偿，相关业务单据见表3-133。

表3-133

收款收据

2022年3月31日　　编号：004

<table>
<tr><td>交款人（单位）</td><td colspan="8">杨星城</td></tr>
<tr><td>摘　要</td><td colspan="8">今收到赔偿款100元</td></tr>
<tr><td rowspan="2">金额（大写）</td><td rowspan="2">人民币壹佰元整　现金收讫</td><td>万</td><td>千</td><td>百</td><td>十</td><td>元</td><td>角</td><td>分</td></tr>
<tr><td></td><td>¥</td><td>1</td><td>0</td><td>0</td><td>0</td><td>0</td></tr>
</table>

第一联 记账联

主管：陈伟贤　　会计：陈泽君　　出纳：潘鸿杰　　经手人：余芳婷

67.31日，结转发出材料成本，相关业务单据见表3-134至表3-137。

表3-134

领料单(财会联)

用途：生产活性乳酸饮料　　2022年3月2日

材料名称及规格	计量单位	请领数量	实发数量	备注
原料乳	吨	0.4	0.4	
白砂糖	吨	0.6	0.6	
乳酸	吨	0.4	0.4	
果汁	吨	0.5	0.5	
香精	吨	0.02	0.02	

复核：胡嘉欣　　经手：陈运瑜

表3-135

领料单(财会联)

用途：生产灭菌乳酸饮料　　2022年3月2日

材料名称及规格	计量单位	请领数量	实发数量	备注
白砂糖	吨	0.6	0.6	
乳酸	吨	0.5	0.5	
果胶	吨	0.5	0.5	
香精	吨	0.02	0.02	

复核：胡嘉欣　　经手：陈运瑜

表3-136

发出材料成本计算表

年　月　日

材料名称	期初结存		本期购进		加权平均单价	本期发出		期末结存	
	数量（吨）	金额（元）	数量（吨）	金额（元）		数量（吨）	金额（元）	数量（吨）	金额（元）
合计									

复核：　　　　　　　　　　制表：

表3-137

发出材料汇总表

领料单　　号至　　号共　　张　　　　　　　　　　年　月　日

部门、用途					合计（元）
	数量（吨）	金额（元）	数量（吨）	金额（元）	
小计					

复核：　　　　　　　　　　制表：

68.31日，结转发出周转材料成本，相关业务单据见表3-138至表3-140。

表3-138

周转材料汇总出库单

发货仓库：周转材料仓　　　　第1号

用途：生产领用　　　　2022年3月31日

名称	编号	规格	单位	应发数量	实发数量	单位成本	金额
200ml塑料杯			个	60 000	60 000	0.15	
200ml利乐盒			个	50 000	50 000	0.20	

第三联　财务记账

复核：胡嘉欣　　　　经手：陈运瑜

表3-139

周转材料汇总出库单

发货仓库：周转材料仓　　　　第2号

用途：销售领用　　　　2022年3月31日

名称	编号	规格	单位	应发数量	实发数量	单位成本	金额
纸箱			个	970	970	0.60	

第三联　财务记账

复核：胡嘉欣　　　　经手：陈运瑜

表3-140

发出周转材料成本计算表

年　月　日

周转材料名称	期初结存		本期购进		加权平均单价	本期发出		期末结存	
	数量（个）	金额（元）	数量（个）	金额（元）		数量（个）	金额（元）	数量（个）	金额（元）
200ml塑料杯									
200ml利乐盒									
合计									

复核：　　　　制表：

69.31日，分配电费，相关业务单据见表3-141。

表3-141

外购动力分配表

2022年3月

用途、部门		分配标准（千瓦时）	分配率	分配金额（元）
动力用电	生产车间（活性乳酸饮料）	650		
	生产车间（灭菌乳酸饮料）	550		
照明用电	生产车间一般耗用	300		
	管理、财务、采购部门	200		
	销售部门	125		
合　计		1 825		

复核：汤颖妍　　　　制单：陈泽君

70.31日，分配水费，相关业务单据见表3-142。

表3-142

水费分配表

2022年3月

部　门	定额比例	分配金额（元）
生产车间生产用	40%	
生产车间一般耗用	30%	
管理、财务、采购部门	20%	
销售部门	10%	
合　计	100%	

复核：汤颖妍　　　　制单：陈泽君

71.31日，向银行借入借款，相关业务单据见表3-143。

表3-143

中国银行 借款凭证

2022年3月31日

<table>
<tr><td>借款单位</td><td colspan="3">广州市美味饮品有限公司</td><td>贷款户账号</td><td colspan="10">12345678</td></tr>
<tr><td>贷款种类</td><td>短期贷款</td><td>年利率</td><td>6%</td><td>存款户账号</td><td colspan="10">22233388</td></tr>
<tr><td rowspan="2">贷款金额
（大写）</td><td colspan="4" rowspan="2">人民币伍拾万元整</td><td>千</td><td>百</td><td>十</td><td>万</td><td>千</td><td>百</td><td>十</td><td>元</td><td>角</td><td>分</td></tr>
<tr><td></td><td>¥</td><td>5</td><td>0</td><td>0</td><td>0</td><td>0</td><td>0</td><td>0</td><td>0</td></tr>
<tr><td>借款用途</td><td colspan="2">临时周转资金</td><td colspan="2">预定还款日期</td><td colspan="10">2022年12月31日</td></tr>
<tr><td colspan="3">备注：</td><td colspan="12">上列贷款已转入你单位的存款账户，请[illegible]账。
中国银行广州友谊支行
2022.03.31
业务专用章
银行签章
12（03）</td></tr>
</table>

72.31日，分配本月制造费用，相关业务单据见表3-144。（提示：制造费用按生产工时分配，其中活性乳酸饮料3月生产工时为6 500工时，灭菌乳酸饮料生产工时为3 500工时）

表3-144

制造费用分配表

年　月

产　品	生产工时	分配率	金额(元)
合计			

复核：汤颖妍　　　　制单：陈泽君

73.31日，计算产品成本，并结转完工产品成本，相关业务单据见表3-145至表3-147。

表3-145

3月份产量

产品名称	投料方式	完工产量	在产品		
			产量	投料程度	完工程度
活性乳酸饮料	一次投料	30 000	2 000	100%	60%
灭菌乳酸饮料	一次投料	20 000	10 000	100%	50%

表3-146 **产品成本计算单**

产品名称： 年 月 投料程度：

完工产量： 在产品产量： 完工程度：

摘要	成本项目			合 计（元）
	直接材料	直接人工	制造费用	
上月结转				
本月发生额				
本月合计				
约当产量				
单位成本				
完工转出				
在产品成本				

复核：汤颖妍 制表：陈泽君

表3-147 **产品成本计算单**

产品名称： 年 月 投料程度：

完工产量： 在产品产量： 完工程度：

摘要	成本项目			合 计（元）
	直接材料	直接人工	制造费用	
上月结转				
本月发生额				
本月合计				
约当产量				
单位成本				
完工转出				
在产品成本				

复核：汤颖妍 制表：陈泽君

74.31日，结转已销产品的成本，相关业务单据见表3-148。

表3-148 **商品销售成本计算表**

年 月 日 金额单位：元

商品名称	本月期初		本月完工		加权平均单价	本月销售		本月结存	
	数量	金额	数量	金额		数量	金额	数量	金额

复核：汤颖妍 制单：陈泽君

75.31日，计提本月的城市维护建设税和教育费附加，相关业务单据见表3-149。

表3-149

税金及附加计算表

年 月 日

项目	计提基数	比例	计提金额（元）
城市维护建设税		7%	
教育费附加		3%	
合计			

审核： 制表：

76.31日，结转本月的损益，先结转收入，再结转支出，相关业务单据见表3-150。

表3-150

损益类账户净发生额

年 月 日

金额 账户名称	本月净发生额(元)
主营业务收入	
主营业务成本	
税金及附加	
管理费用	
销售费用	
财务费用	
营业外收入	
营业外支出	

复核：汤颖妍 制单：陈泽君

77.31日，计算并结转3月份企业所得税（本月无调整项目）。

78.31日，出纳完成出纳签字工作，会计主管完成凭证的审核、记账工作。

79.31日，会计完成对账和结账工作。

在第三部分的会计手工实习工作当中，同学们已经认真实践了《会计基础工作规范》，相信大家收获一定很大，那么到审核记账之后，到了编制报表阶段，又有什么新的会计工作指引吗？那就是《企业财务会计报告条例》，我们要规范企业财务会计报告，保证财务会计报告的真实、完整，企业（包括公司）编制和对外提供财务会计报告，就应当遵守本条例。如果你还想了解具体工作规范，欢迎扫二维码看《企业财务会计报告条例》。

第三部分思政内容

（企业财务会计报告条例）

第四部分

会计电算化实习要求

一、实习说明

会计电算化部分的实习可以选择只启用总账、报表模块，亦可选择启用总账、工资、固定资产、购销存、核算模块，本套实训为了全面锻炼学生运用财务软件的能力，默认启用总账、工资、固定资产、购销存、核算模块。

实习过程中，可采取通岗实习或分岗实习，但两种实习方式均需要进行适当的岗位分工。

通岗实习：由1人按操作程序完成账套主管岗、会计岗、出纳岗的岗位工作职责。实习结束时上交：实习账套、记账凭证清单、余额表、会计报表。

分岗实习：每3人为1个实习小组，实习小组内设上述账套主管岗、会计岗、出纳岗3个岗位，各自完成不同岗位工作。

会计电算化发展历程

二、会计电算化处理流程

1.系统初始化。

按照第五部分会计电算化资料进行系统初始化设置，本实训采用畅捷通T3（营改增版）财务软件进行操作。基本内容包括：

（1）设置会计软件操作人员岗位分工，包括操作员的姓名、权限等。

（2）录入会计核算下的期初数据及有关资料，进行总账、工资、固定资产、购销存模块的期初设置。

2.经济业务处理。

按照第二部分经济业务的单据资料，正确使用模块进行本月的日常业务处理。

（1）1—15日，由会计根据原始凭证及记账凭证输入1—15日记账凭证。

（2）15日，由财务主管进行1—15日凭证汇总并输出凭证汇总表，与手工核算方式下的“科目汇总表”相比较。

（3）由出纳对1—15日收款和付款业务的相关凭证进行出纳签字。

（4）由账套主管根据原始凭证的内容对1—15日记账凭证进行审核、记账。

（5）由账套主管查询相关账簿，与手工核算方式完成的数据核对，并进行1—15日发生额及余额表的查询与输出。

（6）由账套主管用管理员admin的身份进行数据备份。

（7）31日，由会计根据原始凭证及记账凭证录入16—31日记账凭证。

（8）31日，由财务主管进行16—31日凭证汇总并输出凭证汇总表，与手工核算方式下的“科目汇总表”相比较。

（9）由出纳对16—31日收款和付款业务的相关凭证进行出纳签字。

（10）由账套主管根据原始凭证的内容对16—31日记账凭证进行审核、记账。

（11）由账套主管查询相关账簿，与手工核算方式下的数据进行核对，并进行16—31日发生额及余额表的查询与输出。

（12）由账套主管用管理员admin的身份进行数据备份。

3.期末处理。

（1）由账套主管定义自动转账，定义期末损益结转。

（2）由出纳查询并输出库存现金日记账、银行存款日记账，与手工核算方式下的数据进行核对。

（3）由账套主管编制、输出财务报表，与手工核算方式下的数据进行核对。

（4）由账套主管输出记账凭证清单。

孔子不仅是伟大的思想家、教育家，也是中国会计的老行尊。《孟子·万章下》记载：“孔子尝为委吏矣，曰‘会计当而已矣。’”。

孔子年轻时曾在鲁国大贵族季氏门下做过名叫“委吏”的主管仓库会计的小吏，专管财物收支记录。孔子在总结这份工作心得时感慨地说“会计当而已矣”。这句话的关键词是“当”字。通常将“当”理解为“平衡”，把账做平。

会计史学家郭道扬教授在《中国会计史稿》中将孔子所说的“当”理解为三点要义：1.在会计工作中对经济收支事项要遵循财制，处理得当；2.对会计事项的计算、记录要正确；3.要善于选择合格、适当的人才。做好一名会计人，你需要了解更多关于会计的职业道德和职业操守，欢迎扫二维码看《关于加强会计人员诚信建设的指导意见》。

第四部分思政内容

（关于加强会计人员诚信建设的指导意见）

第五部分

会计电算化资料

一、系统初始化

（一）账套信息

1.设置操作员（见表5-1）

表5-1 操作员

编号	姓名	所属部门
01	汤颖妍	财务部门
02	陈泽君	财务部门
03	潘鸿杰	财务部门

2.建立账套

（1）账套信息

账套号：888

账套名称：广州市美味饮品有限公司

启用期间：2022年3月

（2）单位信息

单位名称：广州市美味饮品有限公司

单位简称：美味公司

单位地址：广州市友谊路68号

法人代表：陈伟贤

电话：020-83547890　　邮编：510000

（3）核算类型

企业类型：工业

行业性质：小企业会计准则（2013年）

账套主管：汤颖妍

是否按行业预置科目：是

（4）基础信息和存货分类

基础信息：不进行客户和供应商分类

存货分类；没有外币核算业务

（5）编码方案

会计科目编码级次：4-2-2-2-2

部门编码级次：1-2

结算方式编码级次：1-2

（6）启用模块和启用日期

启用模块：总账、工资、固定资产、购销存、核算模块

启用日期：2022年3月1日

3.设置操作员权限（见表5-2）

表5-2 **操作员权限**

编号	姓名	岗位	职责
01	汤颖妍	账套主管	全部权限，包括审核、记账、结账、报表等
02	陈泽君	会计	拥有权限：公用目录设置、固定资产、工资、应收管理、应付管理、往来、项目管理、采购管理、销售管理、库存管理、核算、总账中除“审核”和“恢复以前记账状态”外所有的权限； 工资系统中设置为“工资类别主管”
03	潘鸿杰	出纳	总账中的出纳签字、现金管理

（二）基础设置

1.部门职员档案

（1）部门档案（见表5-3）

表5-3 **部门档案**

部门编码	部门名称
1	管理部门
2	财务部门
3	采购部门
4	销售部门
5	生产部门

（2）职员档案（见表5-4）

表5-4　　职员档案

职员编号	职员姓名	所属部门	职员属性
101	陈伟贤	管理部门	总经理
201	汤颖妍	财务部门	部门经理
202	陈泽君	财务部门	财务人员
203	潘鸿杰	财务部门	财务人员
301	黄　艳	采购部门	部门经理
302	邵可茵	采购部门	采购人员
401	翁小莉	销售部门	部门经理
402	余芳婷	销售部门	销售人员
501	胡嘉欣	生产部门	生产主管
502	陈运瑜	生产部门	生产工人
503	邓　超	生产部门	生产工人
504	李彩漩	生产部门	生产工人
505	马彩静	生产部门	生产工人
506	陈丽容	生产部门	生产工人
507	潘嘉莹	生产部门	生产工人
508	戴媛敏	生产部门	生产工人
509	杨星城	生产部门	生产工人

2.往来单位

（1）客户档案（见表5-5）

表5-5　　客户档案

客户编码	客户名称	简称	纳税人识别号	开户银行	银行账号	地址
01	好又多有限公司	好又多	440103456788888765	工行胜利支行	73853654	广州市胜利路13号
02	沃尔玛有限公司	沃尔玛	440103456783201012	中行迎宾支行	69325581	广州市迎宾路21号
03	万佳有限公司	万佳	440103668724690123	工行爱国支行	36542234	广州市爱国路10号
04	百佳有限公司	百佳	440103695413820123	建行红旗支行	43810548	广州市红旗路48号
05	实惠多有限公司	实惠多	440103456789888789	工行丽影支行	23671894	广州市黄埔路63号

（2）供应商档案，见表5-6。

表5-6 供应商档案

供应商编码	供应商名称	简称	纳税人识别号	开户银行	银行账号	地址
01	新业有限公司	新业	440103456782688789	中行朝阳支行	48723367	佛山市朝阳路98号
02	阳光有限公司	阳光	440103456789308789	工行开拓支行	76473293	广州市开拓路57号
03	君妍有限公司	君妍	440103678945828789	工行宝顺支行	38476937	广州市宝顺路43号
04	岭南有限公司	岭南	440103257089888789	工行滨海支行	15428341	广州市滨海路13号
05	新华有限公司	新华	440103402174633123	工行劳模支行	63542423	广州市劳模路10号
06	广州供电局有限公司	供电	440100589527752123	工行和平支行	42576937	广州市和平路43号
07	广州自来水公司	供水	440103458146368765	中行南方支行	68632177	广州市爱国路88号

3.存货设置

（1）存货分类信息，见表5-7。

表5-7 存货分类信息

存货分类编码	存货类别名称
01	原材料
02	库存商品
03	周转材料
99	其他类
9901	费用

（2）存货档案，见表5-8

表5-8

存货档案

存货编码（代码）	存货名称	计量单位	存货属性	所属类别	默认税率
0101	原料乳	吨	外购、销售、生产耗用	原材料	13%
0102	白砂糖	吨	外购、销售、生产耗用	原材料	13%
0103	乳酸	吨	外购、销售、生产耗用	原材料	13%
0104	果胶	吨	外购、销售、生产耗用	原材料	13%
0105	果汁	吨	外购、销售、生产耗用	原材料	13%
0106	香精	吨	外购、销售、生产耗用	原材料	13%
0201	活性乳酸饮料	瓶	自制、销售	库存商品	13%
0202	灭菌乳酸饮料	盒	自制、销售	库存商品	13%
0301	200ml塑料杯	个	外购、销售、生产耗用	周转材料	13%
0302	200ml利乐盒	个	外购、销售、生产耗用	周转材料	13%
0303	纸箱	个	外购、销售、生产耗用	周转材料	13%
990101	运费	元	外购、劳务费用	其他类	9%
990102	杂费	元	外购、劳务费用	其他类	0

4.凭证类别设置：记账凭证

5.收付结算设置

（1）结算方式（见表5-9）

表5-9

结算方式

编号	结算方式	票据管理	编号	结算方式	票据管理
1	支票	否	401	商业承兑汇票	否
101	现金支票	是	402	银行承兑汇票	否
102	转账支票	是	5	银行本票	否
2	现金	否	6	银行汇票	否
3	汇兑	否	7	委托收款	否
301	信汇	否	8	托收承付	否
302	电汇	否	9	转账	否
4	商业汇票	否			

（2）付款条件，见表5-10。

表5-10 付款条件

付款条件编码	付款条件表示	信用天数	优惠天数1	优惠率1	优惠天数2	优惠率2
1	2/10，1/20，N/30	30天	10天	2%	20天	1%

（3）开户银行（见表5-11）

表5-11 开户银行

编号	开户行名称	账号	暂封标志
1	中国银行友谊支行	22233388	否

6.期初数据补充

（1）指定会计科目

现金总账科目：库存现金。

银行总账科目：银行存款。

（2）应付票据期初余额（见表5-12）

表5-12 应付票据期初余额表

日期	客户名称	摘要	金额
2022-02-05	新业有限公司	采购材料	80 000

（3）客户往来期初余额（见表5-13）

表5-13 客户往来期初余额表

日期	客户名称	摘要	方向	期初余额	备注
2022-02-28	实惠多有限公司	销售产品	借	1 000	销售灭菌乳酸饮料250盒，含税单价4元（普通发票）0000000001

（4）暂估应付款期初余额（见表5-14）

表5-14 暂估应付款期初余额表

日期	客户名称	摘要	金额
2022-02-02	君妍有限公司	暂估	1 650

（5）期初采购入库单（见表5-15）

表5-15 期初采购入库单

日期	客户名称	摘要	备注
2022-02-02	君妍有限公司	采购	采购原料乳1吨，暂估不含税单价1 650元

7.购销存系统期初数据

(1)仓库档案(见表5-16)

表5-16 仓库档案

仓库编码	仓库名称	计价方式	是否货位管理
01	原料仓	全月平均法	否
02	成品仓	全月平均法	否
03	周转材料仓	全月平均法	否

(2)收发类别(见表5-17)

表5-17 收发类别

类别编码	类别名称	收发标志	类别编码	类别名称	收发标志
1	入库类别	收	2	出库类别	发
11	采购入库	收	21	销售出库	发
12	在途物资入库	收	22	生产领用出库	发
121	原料乳入库	收	221	生产活性乳酸	发
122	白砂糖入库	收	222	生产灭菌乳酸	发
123	乳酸入库	收	23	其他出库	发
124	果胶入库	收	231	职工福利	发
125	果汁入库	收	232	盘亏出库	发
126	香精入库	收	24	一般耗用	发
13	产品完工入库	收			
131	活性乳酸入库	收			
132	灭菌乳酸入库	收			
14	其他入库	收			
141	材料暂估入库	收			
142	盘盈入库	收			

(3)采购与销售类型(见表5-18)

表5-18 采购与销售类型

采购类型编码	采购类型名称	入库类别	是否默认值
1	普通采购	采购入库	是
销售类型编码	销售类型名称	出库类别	是否默认值
1	普通销售	销售出库	是

（4）费用项目（见表5-19）

表5-19 费用项目

费用项目编号	费用项目名称
1	运费
2	杂费
3	业务招待费

（5）非合理损耗（见表5-20）

表5-20 非合理损耗

非合理损耗编码	非合理损耗名称	是否默认值
01	内部原因	是

（6）库存期初数据（见表5-21）

表5-21 库存期初数据

存货编码	所属仓库	存货名称	计量单位	数量	单价	金额
0101	原料仓	原料乳	吨	2	1 800元/吨	3 600
0102		白砂糖	吨	5	2 000元/吨	10 000
0103		乳酸	吨	3	15 000元/吨	45 000
0104		果胶	吨	1.6	100 000元/吨	160 000
0105		果汁	吨	1	2 000元/吨	2 000
0106		香精	吨	1.5	70 000元/吨	105 000
0201	成品仓	活性乳酸饮料	瓶	30 000	1.50元/瓶	45 000
0202		灭菌乳酸饮料	盒	30 000	2元/盒	60 000
0301	周转材料仓	200ml塑料杯	个	80 000	0.15元/个	12 000
0302		200ml利乐盒	个	80 000	0.20元/个	16 000
0303		纸箱	个	4 000	0.60元/个	2 400

（7）相关科目设置（见表5-22至表5-28）

表5-22 存货科目

仓库编码	仓库名称	存货科目编码	存货科目名称
01	原料仓	140301	原料乳
02	成品仓	140501	活性乳酸饮料
03	周转材料仓	141101	200ml塑料杯

表5-23　**存货对方科目**

收发类别编码	收发类别名称	存货编码	存货名称	部门编码	部门名称	对方科目编码	对方科目名称
11	采购入库					1402	在途物资
121	原料乳入库	0101	原料乳			1402	在途物资
122	白砂糖入库	0102	白砂糖			1402	在途物资
123	乳酸入库	0103	乳酸			1402	在途物资
124	果胶入库	0104	果胶			1402	在途物资
125	果汁入库	0105	果汁			1402	在途物资
126	香精入库	0106	香精			1402	在途物资
141	材料暂估入库					220202	应付账款——暂估款
142	盘盈入库					1901	待处理财产损溢
21	销售出库	0201	活性乳酸饮料			540101	主营业务成本——活性乳酸饮料
21	销售出库	0202	灭菌乳酸饮料			540102	主营业务成本——灭菌乳酸饮料
221	生产活性乳酸					40010101	生产成本——活性乳酸饮料（直接材料）
222	生产灭菌乳酸					40010201	生产成本——灭菌乳酸饮料（直接材料）
231	职工福利			1	管理部门	5602	管理费用
231	职工福利			2	财务部门	5602	管理费用
231	职工福利			3	采购部门	5602	管理费用
231	职工福利			4	销售部门	5601	销售费用
231	职工福利			5	生产部门	4101	制造费用
232	盘亏出库					1901	待处理财产损溢
24	一般耗用			5	生产部门	4101	制造费用

表5-24　**客户往来基本科目（1）**

存货编码	存货名称	销售收入科目
0201	活性乳酸饮料	500101
0202	灭菌乳酸饮料	500102

表5-25　　　　客户往来基本科目（2）

应收科目	预收科目	应交增值税科目	销售收入科目	现金折扣科目	销售退回
1122 应收账款	2203 预收账款	22210102 应交税费——应交增值税（销项税额）	500101 主营业务收入——活性乳酸饮料	5603 财务费用	500101 主营业务收入——活性乳酸饮料

表5-26　　　　客户结算方式

结算方式	币种	科目	结算方式	币种	科目
现金	人民币	1001	信汇	人民币	100201
现金支票	人民币	100201	电汇	人民币	100201
转账支票	人民币	100201	委托收款	人民币	100201
银行本票	人民币	100201	托收承付	人民币	100201
银行汇票	人民币	100201			
商业承兑汇票	人民币	1121			
银行承兑汇票	人民币	1121			

表5-27　　　　供应商往来科目设置

应付科目	预付科目	采购税金科目	采购科目	现金折扣科目
220201 应付账款	1123 预付账款	22210101 应交税费——应交增值税（进项税额）	1402 在途物资	5603 财务费用

表5-28　　　　供应商结算方式

结算方式	币种	科目	结算方式	币种	科目
现金	人民币	1001	信汇	人民币	100201
现金支票	人民币	100201	电汇	人民币	100201
转账支票	人民币	100201	委托收款	人民币	100201
银行本票	人民币	100201	托收承付	人民币	100201
银行汇票	人民币	100201			
商业承兑汇票	人民币	2201			
银行承兑汇票	人民币	2201			

（8）其他

采购选项：现金折扣是否显示——是；暂估业务采用单到回冲。

销售选项：现金折扣是否显示——是。

8.固定资产系统期初数据

（1）业务控制参数，见表5-29。

表5-29　**业务控制参数**

控制参数	参数设置
启用月份	2022.03.01
折旧信息	折旧方法：平均年限法（一） 折旧汇总分配周期：1个月 当（月初已计提月份=可使用月份-1）时，将剩余折旧全部提足
编码方式	固定资产类别编码方式：2-1-1-2 固定资产编码方式：按“类别编码+序号”自动编码 卡片序号长度：3
财务接口	要求与总账系统进行对账，业务发生后不立即制单 对账科目：固定资产对账科目为“1601固定资产”，累计折旧对账科目为“1602累计折旧”
补充参数	月末结账前一定要完成制单登账业务 可纳税调整的增加方式：直接购入、投资者投入 固定资产缺省入账科目：“1601固定资产” 累计折旧缺省入账科目：“1602累计折旧” 可抵扣税额入账科目：“22210101应交税费——应交增值税（进项税额）”
其他要求	对账不平衡的情况下不允许月末结账

（2）资产类别，见表5-30。

表5-30　**资产类别**

编码	类别名称	使用年限	净残值率	计提属性	折旧方法
01	房屋建筑物	25	10%	正常计提	平均年限法（一）
02	办公设备	5	1%	正常计提	平均年限法（一）
03	水处理设备	8	2%	正常计提	平均年限法（一）
04	生产设备	10	2%	正常计提	平均年限法（一）

（3）各部门对应计提折旧科目，见表5-31。

表5-31　**对应计提折旧科目**

部门	对应计提折旧科目
管理部门	5602，管理费用
财务部门	5602，管理费用
采购部门	5602，管理费用
生产部门	4101，制造费用
销售部门	5601，销售费用

(4) 固定资产增减方式对应入账科目，见表5-32。

表5-32 增减方式对应入账科目

增减方式	对应入账科目
增加方式：直接购入	中国银行
减少方式：毁损	固定资产清理（1606）

(5) 固定资产3月期初资料，见表5-33。

表5-33 固定资产期初 金额单位：元

名称	办公楼	厂房	电脑（3台）	全自动软水器	精密过滤器	多介质过滤器	活性炭过滤器
类别	房屋及建筑物	房屋及建筑物	办公设备	水处理设备	水处理设备	水处理设备	水处理设备
残值率	10%	10%	1%	2%	2%	2%	2%
使用部门	管理部门	生产部门	管理、采购、销售部门各一台	生产部门	生产部门	生产部门	生产部门
入账日期	2018-01-01	2018-01-01	2018-01-01	2018-01-01	2018-01-01	2018-01-01	2018-01-01
增加方式	在建工程转入	在建工程转入	直接购入	直接购入	直接购入	直接购入	直接购入
使用状况	在用	在用	在用	在用	在用	在用	在用
原值	1 000 000	1 000 000	3 000	30 000	20 000	21 000	12 000
折旧方法	平均年限法（一）	平均年限法（一）	平均年限法（一）	平均年限法（一）	平均年限法（一）	平均年限法（一）	平均年限法（一）
预计使用期间	25年	25年	5年	8年	8年	8年	8年
累计折旧	147 000	147 000	2 425.50	15 006.25	10 004.17	10 504.38	6 002.50
名称	反渗透净水设备	储存器	板式换热器	直冷式贮奶罐	脱气机	CIP清洗系统	物料泵
类别	水处理设备	水处理设备	生产设备	生产设备	生产设备	生产设备	生产设备
残值率	2%	2%	2%	2%	2%	2%	2%
使用部门	生产部门	生产部门	生产部门	生产部门	生产部门	生产部门	生产部门
入账日期	2018-01-01	2018-01-01	2018-01-01	2018-01-01	2018-01-01	2018-01-01	2018-01-01
增加方式	直接购入	直接购入	直接购入	直接购入	直接购入	直接购入	直接购入
使用状况	在用	在用	在用	在用	在用	在用	在用
原值	24 000	30 000	26 000	12 000	15 000	550 000	1 500
折旧方法	平均年限法（一）	平均年限法（一）	平均年限法（一）	平均年限法（一）	平均年限法（一）	平均年限法（一）	平均年限法（一）
预计使用期间	8年	8年	10年	10年	10年	10年	10年
累计折旧	12 005	15 006.25	10 404.33	4 802	6 002.50	220 091.67	600.25

续表

名称	均质机	杀菌器	全自动链条式灌装封口机	调配罐	砖型纸盒包装机	高速搅拌缸	缓冲罐
类别	生产设备	生产设备	生产设备	生产设备	生产设备	生产设备	生产设备
残值率	2%	2%	2%	2%	2%	2%	2%
使用部门	生产部门	生产部门	生产部门	生产部门	生产部门	生产部门	生产部门
入账日期	2018-01-01	2018-01-01	2018-01-01	2018-01-01	2018-01-01	2018-01-01	2018-01-01
增加方式	直接购入	直接购入	直接购入	直接购入	直接购入	直接购入	直接购入
使用状况	在用	在用	在用	在用	在用	在用	在用
原值	38 000	150 000	210 000	13 200	300 000	30 000	9 000
折旧方法	平均年限法（一）	平均年限法（一）	平均年限法（一）	平均年限法（一）	平均年限法（一）	平均年限法（一）	平均年限法（一）
预计使用期间	10年	10年	10年	10年	10年	10年	10年
累计折旧	15 206.33	60 025	84 035	5 282.20	120 050	12 005	3 601.50

9.工资系统初始化数据

（1）业务控制参数

①工资类别个数：单个。

②核算币种：人民币（RMB）。

③要求：代扣个人所得税，不进行扣零处理。

④人员编码长度：3位。

⑤启用日期：2022年3月1日。

⑥其他：默认值。

（2）人员类别和工资银行设置

人员类别设置：总经理、部门经理、财务人员、采购人员、销售人员、生产主管、活性乳酸生产工人、灭菌乳酸生产工人。

工资银行名称设置：中国银行。

账号：定长为11号。

（3）批增各部门的人员档案

（4）工资项目（见表5-34）

表5-34　　工资项目

项目名称	类型	长度	小数位数	增减项
月缴费工资	数字	8	2	其他
日工资	数字	8	2	其他
基本工资	数字	8	2	增项
津贴	数字	8	2	增项
奖金	数字	8	2	增项
应发合计	数字	10	2	增项
事假天数	数字	8	0	其他
事假扣款	数字	8	2	减项
病假天数	数字	8	0	其他
病假扣款	数字	8	2	减项
应付工资	数字	8	2	其他
基本养老保险	数字	8	2	减项
基本医疗保险	数字	8	2	减项
失业保险	数字	8	2	减项
工伤保险	数字	8	2	减项
住房公积金	数字	8	2	减项
计税工资	数字	8	2	其他
代扣税	数字	10	2	减项
扣款合计	数字	10	2	减项
实发合计	数字	10	2	增项

（5）设置工资计算公式，见表5-35。

表5-35　　　　　　　　**工资计算公式**

工资项目	计算要求	公式定义
日工资	日工资=基本工资÷月计薪天数	基本工资/21.75
津贴	总经理1 000元；部门经理250元；生产主管200元；财务人员、采购人员、销售人员150元；生产工人200元	Iff(人员类别="总经理",1 000, Iff(人员类别="部门经理",250,Iff(人员类别="生产主管",200, Iff(人员类别="财务人员"or 人员类别="采购人员"or 人员类别="销售人员",150, Iff(人员类别="活性乳酸生产工人"or 人员类别="灭菌乳酸生产工人",200,0)))))
奖金	销售部部门经理200元；其他部门经理100元；其他人员80元	Iff(部门名称="销售部门" and 人员类别="部门经理",200,Iff(部门名称<>"销售部门"and 人员类别="部门经理",100,80))
应发合计		基本工资+津贴+奖金
事假扣款	事假天数×日工资	事假天数*日工资
病假扣款	病假天数×日工资的20%	病假天数*日工资*0.2
基本养老保险		月缴费工资*0.14
基本医疗保险		月缴费工资*0.065
失业保险		月缴费工资*0.0064
工伤保险		月缴费工资*0.005
住房公积金		月缴费工资*0.1
应付工资		应发合计-事假扣款-病假扣款
计税工资		应付工资-养老保险-医疗保险-失业保险-住房公积金
扣款合计		事假扣款+病假扣款+养老保险+医疗保险+失业保险+住房公积金+代扣税
实发合计		应发合计-扣款合计

（6）档案设置和职工基本工资数据，见表5-36。

表5-36 **档案设置和职工基本工资数据表**

部门名称	人员编号	人员姓名	人员类别	基本工资	月缴费工资	账号
管理部门	101	陈伟贤	总经理	5 000	3 500	00000000101
财务部门	201	汤颖妍	部门经理	3 000	2 500	00000000201
财务部门	202	陈泽君	财务人员	2 800	2 000	00000000202
财务部门	203	潘鸿杰	财务人员	2 500	2 000	00000000203
采购部门	301	黄 艳	部门经理	2 000	1 500	00000000301
采购部门	302	邵可茵	采购人员	1 500	1 000	00000000302
销售部门	401	翁小莉	部门经理	2 000	1 500	00000000401
销售部门	402	余芳婷	销售人员	1 500	1 000	00000000402
生产部门	501	胡嘉欣	生产主管	1 500	1 000	00000000501
生产部门	502	陈运瑜	活性乳酸生产工人	800	800	00000000502
生产部门	503	邓 超	活性乳酸生产工人	800	800	00000000503
生产部门	504	李彩漩	活性乳酸生产工人	800	800	00000000504
生产部门	505	马彩静	活性乳酸生产工人	800	800	00000000505
生产部门	506	陈丽容	灭菌乳酸生产工人	800	800	00000000506
生产部门	507	潘嘉莹	灭菌乳酸生产工人	800	800	00000000507
生产部门	508	戴媛敏	灭菌乳酸生产工人	800	800	00000000508
生产部门	509	杨星城	灭菌乳酸生产工人	800	800	00000000509

（7）说明：关于企业的工资、社保、住房公积金的分配均要求在工资系统的“工资分摊”中完成。

（8）根据个人所得税新规定修改个人所得税的税率表，见表5-37。

表5-37 **个人所得税税率表**

个人所得税税率表一（综合所得适用）			
级数	新个税（每月收入额减除5 000元）		
	应纳税所得额（含税）	税率（%）	速算扣除数
1	不超过3 000元的部分	3	0
2	超过3 000元至12 000元的部分	10	210
3	超过12 000元至25 000元的部分	20	1 410
4	超过25 000元至35 000元的部分	25	2 660
5	超过35 000元至55 000元的部分	30	4 410
6	超过55 000元至80 000元的部分	35	7 160
7	超过80 000元的部分	45	15 160

在第五部分的电算化操作当中，你收获了什么呢？我国《会计法》要求财务软件设计应当符合我国法律、法规、规章的规定，保证会计数据正当、真实、正确、完全，有利于提高会计核算工作效率。

享受便利工作的同时，你有想过以前的会计是怎么做账的吗？有了解过会计的历史吗？欢迎扫二维码去看看中国的会计、财税、审计、珠算博物馆，说不定有一天就能到现场参观学习呢。

第五部分思政内容

（中国会计博物馆介绍）

第六部分

会计电算化业务操作指引

1.1日，从银行提取现金6 000元。

【总账】→“填制凭证”→增加→录入→保存→退出

2.1日，向万佳有限公司销售活性乳酸饮料8 000瓶，不含税单价3元，灭菌乳酸饮料5 000盒，不含税单价3.50元，货已全部发出，暂收到一半的货款，剩余货款尚未收。

【销售】→“销售发票”→增加→专用发票→录入相关数据→保存→复核→确定→退出

【库存】→“销售出库单”→生成→刷新→选择单据→确定→审核→确定→退出

【核算】→“客户往来制单”→发票制单→确认→单击单据→制单→保存→退出

3.1日，销售部余芳婷预支差旅费4 000元。

【总账】→“填制凭证”→增加→录入→保存→退出

4.2日，收到上月向君妍有限公司购买的1吨、不含税单价1 650元原料乳的增值税专用发票。原料乳上月末已入库，货款未付。

【采购】→“采购入库单”→流转生成专用发票→录入→保存→复核→“采购结算”→手工结算→起始日期选择一月→确认→结算→退出

【核算】→“供应商往来制单”→发票制单→确认→制单→保存→“暂估成本处理”→选择→暂估→“购销单据制单”→选择→全选→确认→选择→确定→生成（红字入库单）→退出→“购销单据制单”→选择→全选→确认→选择→确定→生成（蓝字入库单）→退出

5.3日，请广告公司制作一则招聘广告，用于招聘行政助理，用现金支付该项费用。

【总账】→“填制凭证”→增加→录入→保存→退出

6.4日，开立异地采购专户3 000元，用于采购材料。

【总账】→“填制凭证”→增加→录入→保存→退出

7.5日，向好又多有限公司销售活性乳酸饮料5 000瓶，不含税单价3元，灭菌乳酸饮料5 000盒，不含税单价3.50元，开具增值税专用发票。由于促销活动给予10%的商业折扣，同时以现金代垫运费218元，货款尚未收到。

【销售】→“销售订单”→录入（单价填在报价一栏，扣率为90%）→保存→审核→流转生成“专用发票”→录入→复核→代垫→录入→保存→审核→退出

【库存】→“销售出库单”→生成→刷新→选择单据→确认→审核→退出

【核算】→“客户往来单据制单”→发票制单应收单制单→合并制单→保存→退出

8.6日，销售部余芳婷报销差旅费3 700元，退回现金300元。

【总账】→“填制凭证”→增加→录入→保存→退出

9.6日，活性乳酸饮料30 000瓶完工入库。

【库存】→“产成品入库单”→增加→录入→保存→审核→退出

10.6日，向百佳有限公司销售活性乳酸饮料9 000瓶，不含税单价3元，灭菌乳酸饮料9 000盒，不含税单价3.50元，货款已收到。

【销售】→“销售发票”→增加→选择“专用发票”→录入→保存→现结→录入→保存→退出

【库存】→“销售出库单”→生成→刷新→选择单据→确认→审核→退出

【核算】→“客户往来单据制单”→现结制单→确认→选择单据→制单→保存→退出

11.8日，通过银行转账支付城市维护建设税3 444元和教育费附加1 476元。

【总账】→“填制凭证”→增加→录入→保存→退出

12.8日，发2月工资28 000元。

【工资】→“统计分析”→账表→工资表→工资发放表→确认→查看实发合计数→退出

【总账】→“填制凭证”→增加→录入→保存→退出

13.8日，结转工资结算中各项代扣款项。

【工资】→“统计分析”→账表→工资表→部门工资汇总表1→选择本企业的所有部门→确定→查看数据→退出

【总账】→“填制凭证”→增加→录入→保存→退出

14.8日，向万佳有限公司销售活性乳酸饮料5 000瓶，不含税单价3元，灭菌乳酸饮料3 000盒，不含税单价3.50元。货款已收。

【销售】→“销售发票”→增加→选择“专用发票”→录入→保存→现结→录入→保存→退出

【库存】→“销售出库单”→生成→刷新→选择单据→确认→审核→退出

【核算】→“客户往来单据制单”→现结制单→确认→选择单据→制单→保存→退出

15.8日，支付行政部门上月电话费741.2元。

【总账】→“填制凭证”→增加→录入→保存→退出

16.9日，与供应商阳光有限公司签订购销合同购买乳酸0.5吨，不含税单价15 000元，由于购买数量较大，对方给予了9折的优惠，同时约定当日预付不含税价款的50%作为订金，预付款通过信汇方式汇出。

【采购】→“采购订单”→录入→保存→审核→退出→“付款结算”→录入→保存→点击预付

【核算】→“供应商往来制单”→核销制单→保存

17.10日，收到阳光有限公司转来的增值税专用发票，注明购买乳酸0.5吨，不含税单价13 500元，支付货款，货未到。

【采购】→“采购发票”→专用发票→录入→现付

【核算】→“供应商往来制单”→发票制单

18.10日，向阳光有限公司采购的乳酸入库。

【采购】→“采购入库单”→“采购结算”

【库存】→“采购入库单审核”

【核算】→“正常单据记账”→“购销单据制单”

19. 10日，采购部黄艳到佛山联系业务时因公受伤，回来报销医药费158元，以现金支付。

【总账】→“填制凭证”→增加→录入→保存→退出

20.10日，结转上述职工报销的医疗费。

【总账】→“填制凭证”→增加→录入→保存→退出

21.10日，支付上月向君妍有限公司购买原料乳的货款。

【采购】→“付款结算”→增加→录入→保存→退出

【核算】→“供应商往来制单”→核销制单

22.10日，预付岭南有限公司购货款30 000元。

【采购】→“付款结算”→选择供应商→增加→录入→保存→预付→退出

【核算】→“供应商往来制单”→核销制单→确认→选择凭证→制单→保存→退出

23.11日，收到向岭南有限公司采购的发票，发票注明采购香精1吨，不含税单价60 000元，材料未到。

【采购】→录入采购专用发票→录入→保存→复核→退出

【核算】→“供应商往来制单”→发票制单→确认→单击单据→制单→保存→退出

24.12日，向岭南有限公司采购的材料入库。

【采购】→“采购入库单”→增加→选择仓库原料仓→选单选择发票→过滤→选择单据→确认→录入→保存→退出

【库存】→“采购入库单审核”→审核→退出

【核算】→“正常单据记账”→确定→选择单据→记账→退出→“购销单据制单”→选择→全选→确认→选择单据→生成→退出

25.12日，补付购买香精款。

【采购】→“付款结算”→选择供应商→增加→录入→保存→核销→在“使用预付”录入金额30 000→双击“本次结算”→保存→退出

【核算】→“供应商往来制单”→核销制单→确认→选择凭证→制单→保存→退出

26.12日，通过银行转账支付电费。

【总账】→“填制凭证”→增加→录入→保存→退出

27.12日，采购办公用品。

【总账】→“填制凭证”→增加→录入→保存→退出

28.13日，开出支票支付郊区仓库租金。

【总账】→“填制凭证”→增加→录入→保存→退出

29.14日，收到好又多有限公司的转账支票。

【销售】→“收款结算”→选择客户→增加→录入→保存→核销→同币种核销→双击余额栏会自动带出本次结算金额→保存→退出

【核销】→“客户往来制单”→核销制单→确认→选择凭证→制单→保存

30.14日，向沃尔玛有限公司销售活性乳酸饮料10 000瓶，不含税单价3元，开具增值税专用发票，货款尚未收回。

【销售】→“销售发票”→增加选择专用发票→录入→保存→复核→退出

【库存】→“销售出库单”→生成→刷新→选择单据→确认→审核→退出

【核算】→“客户往来单据制单”→发票制单→确认→选择单据→制单→保存→退出

31.14日，发生销售招待费200元，以现金支付。

【总账】→“填制凭证”→增加→录入→保存→退出

32.15日，购入佳能一体机（办公设备）供财务部使用，预计可使用年限3年，取得增值税普通发票，注明价款8 000元，增值税1 040元。

【固定资产】→“资产增加”→选择“02办公设备”→确认→录入→保存→“批量制单”→制单→保存→退出

33.16日，用现金支付生产部门的设备维修费100元。

【总账】→“填制凭证”→增加→录入→保存→退出

34.16日，管理部门的一台电脑（代码02001）无法正常运行，作报废处理，其间用现金支付一笔清理费用50元，同时将残料出售给回收公司取得收入300元，结转固定资产清理的净损益。（提示：此题共4笔分录，不考虑税费。在会计电算化操作下，先作计提折旧操作再作固定资产的报废处理，月末才统一生成计提折旧的凭证）

【固定资产】→先“计提折旧”，但不制凭证→退出→“资产减少”→选择卡片编号→增加→录入→保存→“批量制单”→制单选择双击制单→制单设置→制单→退出

【总账】→增加→增加→录入→保存→退出

【总账】→“填制凭证”→增加→录入→保存→退出

【总账】→“填制凭证”→增加→录入→保存→退出

35.17日，向新业有限公司购入200ml塑料杯11 000个，不含税单价0.15元，200ml利乐盒10 000个，不含税单价0.20元，收到增值税专用发票。对方代垫运费220元（包括准予扣除的增值税进项税额20元），使用商业承兑汇票结算货款，材料已验收入库，运费按数量进行分摊。（提示：此题需通过“在途物资”科目核算，入库时再由“在途物资”转入“周转材料”等科目。另由于会计手工账分配运费时，分配率保留4位小数再进行下一步的计算，而会计电算化的运费分摊是系统自动循环计算，所以会计手工账计算结果和会计电算化计算结果会有一点尾数的差异）

【采购】→“采购发票”→增加专用发票→录入→保存→现付→录入→保存→复核→流转生成入库单→录入→保存→退出

【采购】→“采购发票”→增加运费发票→录入→保存→现付→录入→保存→复核

→退出

【采购】→“采购结算”→手工结算→确认→选择单据→确认→选择费用分摊方式→分摊→结算→退出

【库存】→“采购入库单审核”→审核→退出

【核算】→“正常单据记账”→确定→选择单据→记账→退出→“供应商往来制单”→现结制单（合并制单）→确认→选择→制单→保存→退出→“购销单据制单”→选择→全选→选择凭证→生成→保存→退出

36.17日，上缴社会保险费。

【总账】→“填制凭证”→增加→录入→保存→退出

37.17日，上缴住房公积金。

【总账】→“填制凭证”→增加→录入→保存→退出

38.18日，发现销售给沃尔玛有限公司的活性乳酸饮料有5瓶包装损坏，被退回，开具红字发票。

【销售】→“销售发票”→增加专用发票（红字）→录入→保存→复核→退出

【库存】→“销售出库单”→生成→刷新→选择单据→确认→审核→退出

【核算】→“客户往来制单”→发票制单→确认→选择单据→制单→保存→退出

【销售】→“客户往来”→红票对冲→选择客户名称→过滤→手工→录入对冲金额17.55→确认

39.19日，收到沃尔玛有限公司支付的货款。

【销售】→“收款结算”→选择客户→增加→录入→保存→核销

【核销】→“客户往来制单”→核销制单→确认→选择单据→制单→保存→退出

40.19日，接受广州达利公司以一项专利权作价投资，投资各方确认的价值为120 000元。

【总账】→“填制凭证”→增加→录入→保存→退出

41.19日，与沃尔玛有限公司签订销售合同，注明灭菌乳酸饮料7 500瓶，不含税单价3.50元，付款条件为“2/10，1/20，N/30”，按价款结算。开具增值税专用发票。货已发出，货款未收。（提示：要求填制销售订单，流转生成销售发票）

【销售】→“销售订单”→录入→保存→审核→流转生成专用发票→录入→保存→复核→退出

【库存】→“销售出库单”→生成→刷新→选择单据→确认→审核→退出

【核算】→“客户往来制单”→发票制单→确认→选择→制单→保存→退出

42.19日，以现金支付印刷产品促销宣传单费用。

【总账】→“填制凭证”→增加→录入→保存→退出

43.20日，购入固定资产物料泵（资产类别：生产设备），取得的增值税专用发票上注明价款1 500元，增值税195元，已支付货款；另取得的货物运输专用发票，该笔运费由武汉顺心贸易公司代收；用现金支付一笔专业人员服务费。设备已验收，交由生产部门投入使用，预计使用10年。

【固定资产】→“资产增加”→选择“04生产设备”→录入→保存→“批量制单”

→制单→保存→退出

44.20日，行政管理部门销售废旧报纸，收到现金。

【总账】→“填制凭证”→增加→录入→保存→退出

45. 21日，财务部门计算工资，收到办公室转来本月考勤及岗位变动数据如下：陈伟贤请年假3天，邵可茵请婚假4天，翁小莉请病假2天，邓超请事假3天，余芳婷出差请公假3天。

【工资】→“工资变动”→录入相关数据→保存→汇总→退出

46.22日，现金清查时发现现金溢余50元。

【总账】→“填制凭证”→增加→录入→保存→退出

47.22日，20 000盒灭菌乳酸饮料完工入库。

【库存】→“产成品入库单”→增加→录入相关数据→保存→审核→确定→退出

48.22日，接受深圳市华强有限公司投资转入的生产设备一台，增值税专用发票上注明的价款为100 000元，增值税为13 000元，预计使用10年。

【固定资产】→“资产增加”→资产类别选择生产设备→确认→录入→保存→退出→批量制单→双击制单→制单设置→制单→保存→退出

49.22日，销售给百佳有限公司活性乳酸饮料5 000瓶，不含税单价3元，灭菌乳酸饮料7 500盒，不含税单价3.50元。开出增值税专用发票，货款尚未收到。

【销售】→“销售发票”→增加→专用发票→录入相关数据→保存→复核→确定→退出

【库存】→“销售出库单”→生成→刷新→选择单据→确认→审核→退出

【核算】→“客户往来制单”→发票制单→确认→单击单据→制单→保存→退出→退出

50.22日，以现金110元购印花税票。

【总账】→“填制凭证”→增加→录入→保存→退出

51.23日，预收万佳有限公司货款5 000元。

【销售】→“收款结算”→选择客户→增加→录入→保存→预收→保存

【核算】→“客户往来制单”→核销制单→确认→单击单据→制单→保存→退出→退出

52.23日，通过银行转账支付水费。

【总账】→“填制凭证”→增加→录入→保存→退出

53.23日，收到沃尔玛有限公司支付的货款。

【销售】→“收款结算”→选择客户→增加→录入相关数据→保存→核销→录入本次折扣金额→点击余额本次结算会自动弹出结算金额→保存

【核算】→“客户往来制单”→核销制单→确认→单击单据→制单→保存→退出→退出

54.25日，收到百佳有限公司支付的货款。

【销售】→“收款结算”→选择客户→增加→录入相关数据→保存→核销→退出

【核算】→“客户往来制单”→核销制单→确认→单击单据→制单→保存→退出→

退出

55.28日，向万佳有限公司销售活性乳酸饮料8 000瓶，不含税单价3元，灭菌乳酸饮料10 000盒，不含税单价3.50元，货已发出，收到万佳有限公司支付的剩余货款。(提示：此题需做两笔分录，要求录入收款单)

【销售】→“销售发票”→增加→专用发票→录入相关数据→保存→复核→确定→退出

【库存】→“销售出库单”→生成→刷新→选择单据→确定→审核→确定→退出

【核算】→“客户往来制单”→发票制单→确认→单击单据→制单→保存→退出→退出

【销售】→“收款结算”→选择客户→增加→录入相关数据→保存→核销→再在“使用预收”录入金额5 000→双击本次结算→保存→退出

【核算】→“客户往来制单”→转账制单→确认→单击单据→制单→保存→退出→退出

56.31日，计提折旧。(提示：手工计算结果和软件计算结果会有尾数差异，为降低难度可不做数据调整)

【固定资产】→“计提本月折旧”→生成凭证→保存→退出

57.31日，摊销无形资产。

【总账】→“填制凭证”→增加→录入→保存→退出

58.31日，处理坏账1 000元。

【总账】→“填制凭证”→增加→录入→保存→退出

59.31日，处理现金溢余50元。

【总账】→“填制凭证”→增加→录入→保存→退出

60.31日，对工资进行成本费用的分摊。(提示：在工资管理模块中完成)

【工资】→“工资分摊”→录入→完成→全选部门→明细到工资项目→退出

61.31日，分配企业承担的养老保险。(提示：在工资管理模块中完成，公司承担部分按缴费工资的比例计算)

【工资】→“工资分摊”→录入→完成→全选部门→明细到工资项目→合并科目相同→制单→退出

62.31日，分配企业承担的医疗保险。(提示：在工资管理模块中完成，公司承担部分按缴费工资的比例计算)

【工资】→“工资分摊”→录入→完成→全选部门→明细到工资项目→合并科目相同→制单→退出

63.31日，分配企业承担的失业保险。(提示：在工资管理模块中完成，公司承担部分按缴费工资的比例计算)

【工资】→“工资分摊”→录入→完成→全选部门→明细到工资项目→合并科目相同→制单→退出

64.31日，分配企业承担的工伤保险。(提示：在工资管理模块中完成，公司承担部分按缴费工资的比例计算)

【工资】→“工资分摊”→录入→完成→全选部门→明细到工资项目→合并科目相同→制单→退出

65.31日，分配企业承担的住房公积金2 240元。（提示：在工资管理模块中完成，公司承担部分按缴费工资的10%计算）

【固定资产】→处理→计提本月折旧→确定→退出→“批量制单”→退出→制单→保存→退出

66.31日，由于生产部门杨星城在生产过程中损坏生产设备零件，收到赔偿款100元。

【总账】→“填制凭证”→增加→录入→保存→退出

67.31日，结转发出材料成本。生产活性乳酸饮料领用原料乳0.4吨、白砂糖0.6吨、乳酸0.4吨、果汁0.5吨、香精0.02吨；生产灭菌乳酸饮料领用白砂糖0.6吨、乳酸0.5吨、果胶0.5吨、香精0.02吨。

【采购】→月末结账

【销售】→月末结账

【库存】→录入材料出库单→审核→月末结账

【核算】→月末处理→选择需处理仓库→确定→确定

【核算】→“正常单据记账”→确定→单击单据→记账→退出

【核算】→“月末处理”→选择原料仓→确定“购销单据制单”→选择→全选→确认→双击单据→确定→修改科目→合成→保存→退出

68. 31日，结转发出周转材料成本。生产领用200ml塑料杯60 000个、200ml利乐盒50 000个。销售领用纸箱970个。

【库存】→“月末结转”取消结账→退出→“材料出库单”→增加→录入→保存→审核→月末结账

【核算】→月末处理→选择需处理仓库→确定→确定

【核算】→“正常单据记账”→确定→单击单据→记账→退出

【核算】→“购销单据制单”→选择→全选→确认→双击单据→确定→生成→保存→退出

69.31日，分配电费1 460元。生产车间生产活性乳酸饮料耗用650千瓦时，生产车间生产灭菌乳酸饮料耗用550千瓦时，车间一般耗用300千瓦时，管理部门耗用200千瓦时，销售部门耗用125千瓦时。

自行手工算出结果→【总账】→“填制凭证”→增加→录入→保存→退出

70.31日，分配水费800元。定额比例下，生产车间生产用40%，一般生产车间耗用30%，管理部门耗用20%，销售部门耗用10%。

自行手工算出结果→【总账】→“填制凭证”→增加→录入→保存→退出

71.31日，向银行借入借款500 000元。

【总账】→“填制凭证”→增加→录入→保存→退出

72.31日，分配本月制造费用。制造费用按生产工时分配，其中活性乳酸饮料3月生产工时为6 500工时，灭菌乳酸饮料生产工时为3 500工时。（提示：由于会计手工账计算分配率时保留4位小数再进行下一步的计算，而会计电算化是系统自动循环计算，所以会计手工账计算结果和会计电算化计算结果会有一点尾数的差异）

【总账】→期末→转账定义→自定义转账→增加→录入转账序号→录入转账说明→确定→科目编码选择生产成本→方向选择借方→金额公式→利用公式向导选择取对方科目计算结果JG（）→下一步→完成→增行→科目编码选择制造费用→方向选择贷方→金额公式→利用公式向导选择期末余额QM（）→下一步→科目选择制造费用→点击继续输入公式→选择运算符/（除）→下一步→利用公式向导选择常数→下一步→录入总工时→点击继续输入公式→选择运算符*（乘）→下一步→利用公式向导选择常数→下一步→录入产品工时→完成→保存→退出

【总账】→期末→转账生成→自定义转账→选中凭证→双击是否结转→选择包含未记账凭证→确定→录入附单据数→保存→退出

73.31日，计算产品成本，并结转完工产品成本。3月份产量：活性乳酸饮料完工30 000瓶，在产品数量2 000瓶，完工程度60%。灭菌乳酸饮料完工20 000盒，在产品数量10 000盒，完工程度50%，均为一次投料。

自行手工算出结果→【核算】→核算→产成品成本分配→查询→选择仓库→确认→选择单据→确定→录入手工算出金额→分配→分配操作顺利完成点击确定→退出

【核算】→“正常单据记账”→确定→单击单据→记账→退出

【核算】→“购销单据制单”→选择→全选→确认→双击单据→确定→生成→保存→退出

74.31日，结转已销产品的成本。

【核算】→月末处理→选择需处理仓库→确定→确定

【核算】→“购销存单据制单”→选择→全选→确认→双击单据→确定→生成→保存→退出

75.31日，计提本月的城市维护建设税和教育费附加。

【总账】→期末→转账定义→自定义转账→增加→录入转账序号→录入转账说明→确定→科目编码选择5403税金及附加→方向选择借方→金额公式→利用公式向导选择取对方科目计算结果JG（）→下一步→完成→增行→科目编码选择应交税费——应交城市维护建设税→方向选择贷方→金额公式→利用公式向导选择期末余额QM（）→下一步→科目选择应交税费→点击继续输入公式→选择运算符*（乘）→下一步→利用公式向导选择常数→下一步→录入0.07→完成→增行→科目编码选择应交税费——应交教育费附加→方向选择贷方→金额公式→利用公式向导选择期末余额QM（）→下一步→科目选择应交税费→点击继续输入公式→选择运算符*（乘）→下一步→利用公式向导选择常数→下一步→录入0.03→完成→保存→退出

【总账】→期末→转账生成→自定义转账→选中凭证→双击是否结转→选择包含未记账凭证→确定→录入附单据数→保存→退出

76.31日，结转本月的损益，先结转收入，再结转支出。

【总账】→期末→转账定义→期间损益→录入本年利润科目3103本年利润

【总账】→期末→转账生成→期间损益结转→类型下拉选择收入→全选→选择包含

未记账凭证→确定→保存

【总账】→期末→转账生成→期间损益结转→类型下拉选择支出→全选→选择包含未记账凭证→确定→保存

77.31日，计算并结转企业所得税。

【总账】→期末→转账定义→自定义转账→增加→录入转账序号→录入转账说明→确定→科目编码选择5801所得税费用→方向选择借方→金额公式→利用公式向导选择取本月净发生额JE（）→下一步→科目编码选择3103本年利润→下一步继续输入公式→选择运算符*（乘）→下一步→利用公式向导选择常数→下一步→录入0.25→完成→增行→科目编码选择222107应交税费——应交所得税→方向选择贷方→金额公式→利用公式向导选择借贷平衡差额CE（）→下一步→完成→保存→退出

【总账】→期末→转账生成→自定义转账→选中凭证→双击是否结转→选择包含未记账凭证→确定→录入附单据数→保存→退出

【总账】→"填制凭证"→查看自定义转账生成的凭证所得税费用的金额→增加→录入→保存→退出

78.31日，完成出纳签字、凭证审核、记账工作。

(1)【总账】→凭证→出纳签字

(2)【总账】→凭证→审核凭证

(3)【总账】→凭证→记账

79.31日，完成对账和结账工作。

(1)【总账】→期末→对账

(2)【固定资产】结账，【工资】结账

(3)【总账】→期末→结账

当人工智能、大数据、云财务出现之后，我们会计人也要时刻保持一颗好学之心，及时学习新知识、新技术、新工艺和新规范，提高职业道德和业务素质，全面提升专业胜任能力，这个时候参加各种各样的继续教育是个好办法，你需要扫二维码去了解一下《会计专业技术人员继续教育规定》啦！

第六部分思政内容

（会计专业技术人员继续教育规定）

第七部分

支票、账页和表格

支票正面

中国银行
支票存根
10304420
12200001
附加信息

出票日期 年 月 日

收款人:	
金　额:	
用　途:	

单位主管　　会计

付款期限自出票之日起十天

中国银行　支票　　10304420 12200001

出票日期（大写）　年　月　日　　付款行名称:
收款人:　　出票人账号:

人民币（大写）	亿	千	百	十	万	千	百	十	元	角	分

用途＿＿＿＿　　密码＿＿＿＿＿＿
上列款项请从　　行号＿＿＿＿＿＿
我账户内支付
出票人签章　　复核　　记账

支票反面

附加信息:	被背书人	被背书人
	背书人签章 年　月　日	背书人签章 年　月　日

（粘贴单处）

根据《中华人民共和国票据法》等法律法规的规定，签发空头支票由中国人民银行处以票面金额5%但不低于1 000元的罚款。

支票正面

中国银行
支票存根
10304420
12200002

附加信息

出票日期　年　月　日

收款人：
金　额：
用　途：

单位主管　　会计

付款期限自出票之日起十天

中国银行　支票

10304420
12200002

出票日期（大写）　　年　月　日　　付款行名称：
收款人：　　出票人账号：

人民币（大写）	亿	千	百	十	万	千	百	十	元	角	分

用途________　　密码__________
上列款项请从　　行号__________
我账户内支付
出票人签章　　复核　　记账

支票反面

附加信息：	被背书人	被背书人
	背书人签章 年　月　日	背书人签章 年　月　日

（粘贴单处）

根据《中华人民共和国票据法》等法律法规的规定，签发空头支票由中国人民银行处以票面金额5%但不低于1 000元的罚款。

支票正面

中国银行
支票存根
10304420
12200003
附加信息

出票日期　年　月　日

收款人：	
金　额：	
用　途：	

单位主管　　会计

付款期限自出票之日起十天

中国银行　支票

10304420
12200003

出票日期（大写）　　年　月　日　　付款行名称:
收款人:　　出票人账号:

	亿	千	百	十	万	千	百	十	元	角	分
人民币 （大写）											

用途________　　密码__________
上列款项请从　　行号__________
我账户内支付
出票人签章　　复核　　记账

支票反面

附加信息:	被背书人	被背书人
	背书人签章 年　月　日	背书人签章 年　月　日

（粘贴单处）

根据《中华人民共和国票据法》等法律法规的规定，签发空头支票由中国人民银行处以票面金额5%但不低于1 000元的罚款。

支票正面

中国银行
支票存根
10304420
12200004
附加信息________

出票日期　年　月　日

收款人：
金　额：
用　途：

单位主管　　会计

付款期限自出票之日起十天

中国银行　支票

10304420
12200004

出票日期（大写）　　年　月　日　　付款行名称：
收款人：　　出票人账号：

人民币（大写）	亿	千	百	十	万	千	百	十	元	角	分

用途________　　密码__________
上列款项请从　　行号__________
我账户内支付
出票人签章　　复核　　记账

支票反面

附加信息：	被背书人	被背书人
	背书人签章 年　月　日	背书人签章 年　月　日

（粘贴单处）

根据《中华人民共和国票据法》等法律法规的规定，签发空头支票由中国人民银行处以票面金额5%但不低于1 000元的罚款。

支票正面

中国银行
支票存根
10304420
12200005
附加信息______
______
______
______
出票日期 年 月 日

收款人:
金 额:
用 途:

单位主管 会计

付款期限自出票之日起十天

中国银行 支票

10304420
12200005

出票日期（大写） 年 月 日 付款行名称:
收款人: 出票人账号:

人民币（大写）	亿	千	百	十	万	千	百	十	元	角	分

用途______ 密码______
上列款项请从 行号______
我账户内支付
出票人签章 复核 记账

支票反面

附加信息:	被背书人	被背书人
	背书人签章 年 月 日	背书人签章 年 月 日

（粘贴单处）

根据《中华人民共和国票据法》等法律法规的规定，签发空头支票由中国人民银行处以票面金额5%但不低于1 000元的罚款。

支票正面

中国银行
支票存根
10304420
12200006

附加信息

出票日期　年　月　日

收款人：	
金　额：	
用　途：	

单位主管　　会计

付款期限自出票之日起十天

中国银行　支票

10304420
12200006

出票日期（大写）　　年　月　日　　付款行名称：
收款人：　　出票人账号：

人民币（大写）	亿	千	百	十	万	千	百	十	元	角	分

用途＿＿＿＿　　密码＿＿＿＿＿＿
上列款项请从　　行号＿＿＿＿＿＿
我账户内支付
出票人签章　　复核　　记账

支票反面

附加信息：	被背书人	被背书人
	背书人签章 年　月　日	背书人签章 年　月　日

（粘贴单处）

根据《中华人民共和国票据法》等法律法规的规定，签发空头支票由中国人民银行处以票面金额5%但不低于1 000元的罚款。

支票正面

中国银行
支票存根
10304420
12200007
附加信息

出票日期 年 月 日

收款人：
金 额：
用 途：

单位主管 会计

付款期限自出票之日起十天

中国银行 **支票** 10304420
12200007

出票日期（大写） 年 月 日 付款行名称:
收款人: 出票人账号:

人民币（大写）	亿	千	百	十	万	千	百	十	元	角	分

用途________ 密码__________
上列款项请从 行号__________
我账户内支付
出票人签章 复核 记账

支票反面

附加信息：	被背书人	被背书人
	背书人签章 年 月 日	背书人签章 年 月 日

（粘贴单处）

根据《中华人民共和国票据法》等法律法规的规定，签发空头支票由中国人民银行处以票面金额5%但不低于1 000元的罚款。

支票正面

中国银行
支票存根
10304420
12200008
附加信息________
____
____
____
出票日期　年　月　日

收款人：
金　额：
用　途：

单位主管　　会计

付款期限自出票之日起十天

中国银行　支票　10304420
12200008

出票日期（大写）　年　月　日　付款行名称:
收款人：　出票人账号:

人民币（大写）	亿	千	百	十	万	千	百	十	元	角	分

用途________　密码__________
上列款项请从　行号__________
我账户内支付
出票人签章　复核　记账

支票反面

附加信息：	被背书人	被背书人
	背书人签章 年　月　日	背书人签章 年　月　日

（粘贴单处）

根据《中华人民共和国票据法》等法律法规的规定，签发空头支票由中国人民银行处以票面金额5%但不低于1 000元的罚款。

支票正面

中国银行
支票存根
10304420
12200009

附加信息

出票日期　年　月　日

收款人：
金　额：
用　途：

单位主管　　会计

付款期限自出票之日起十天

中国银行　支票

10304420
12200009

出票日期（大写）　年　月　日　付款行名称:
收款人:　出票人账号:

人民币（大写）	亿	千	百	十	万	千	百	十	元	角	分

用途＿＿＿＿　密码＿＿＿＿＿
上列款项请从　行号＿＿＿＿＿
我账户内支付
出票人签章　复核　记账

支票反面

附加信息:	被背书人	被背书人
	背书人签章 年　月　日	背书人签章 年　月　日

（粘贴单处）

根据《中华人民共和国票据法》等法律法规的规定，签发空头支票由中国人民银行处以票面金额5%但不低于1 000元的罚款。

库存现金日记账

年		凭证号数	摘要	借方									贷方									借或贷	余额								
月	日			百	十	万	千	百	十	元	角	分	百	十	万	千	百	十	元	角	分		百	十	万	千	百	十	元	角	分

银行存款日记账

年		凭证号数	摘要	借方									贷方									借或贷	余额								
月	日			百	十	万	千	百	十	元	角	分	百	十	万	千	百	十	元	角	分		百	十	万	千	百	十	元	角	分

制造费用明细账

年		凭证号数	摘要	合计																																															
月	日			十	万	千	百	十	元	角	分	十	万	千	百	十	元	角	分	十	万	千	百	十	元	角	分	十	万	千	百	十	元	角	分	十	万	千	百	十	元	角	分	十	万	千	百	十	元	角	分

管理费用明细账

年		凭证号数	摘要	合计				
月	日			十万千百十元角分	十万千百十元角分	十万千百十元角分	十万千百十元角分	十万千百十元角分

销售费用明细账

年		凭证号数	摘要	合计																																													
月	日			十	万	千	百	十	元	角	分	十	万	千	百	十	元	角	分	十	万	千	百	十	元	角	分	十	万	千	百	十	元	角	分	十	万	千	百	十	元	角	分	十	万	千	百	十	元	角	分

财务费用明细账

年		凭证号数	摘要	合计																																															
月	日			十	万	千	百	十	元	角	分	十	万	千	百	十	元	角	分	十	万	千	百	十	元	角	分	十	万	千	百	十	元	角	分	十	万	千	百	十	元	角	分	十	万	千	百	十	元	角	分

科目汇总表

科汇第 号

年 月 日 记账凭证 至 号共 张

会计科目	总账页数	本期发生额	
		借方	贷方
库存现金			
银行存款			
其他货币资金			
应收账款			
预付账款			
其他应收款			
在途物资			
原材料			
库存商品			
周转材料			
固定资产			
累计折旧			
工程物资			
固定资产清理			
无形资产			
累计摊销			
待处理财产损溢			
短期借款			
应付票据			
应付账款			
预收账款			
其他应付款			
应付职工薪酬			
应交税费			
实收资本			
资本公积			
盈余公积			
本年利润			
生产成本			
制造费用			
主营业务收入			
营业外收入			
主营业务成本			
税金及附加			
销售费用			
管理费用			
财务费用			
营业外支出			
所得税费用			
合 计			

科目汇总表

科汇第　号

年　月　日　　记账凭证　至　号共　张

会计科目	总账页数	本期发生额	
		借方	贷方
库存现金			
银行存款			
其他货币资金			
应收账款			
预付账款			
其他应收款			
在途物资			
原材料			
库存商品			
周转材料			
固定资产			
累计折旧			
工程物资			
固定资产清理			
无形资产			
累计摊销			
待处理财产损溢			
短期借款			
应付票据			
应付账款			
预收账款			
其他应付款			
应付职工薪酬			
应交税费			
实收资本			
资本公积			
盈余公积			
本年利润			
生产成本			
制造费用			
主营业务收入			
营业外收入			
主营业务成本			
税金及附加			
销售费用			
管理费用			
财务费用			
营业外支出			
所得税费用			
合　计			

科目汇总表　　　　　　　　科汇第　　号

年　月　日　　　　　　记账凭证　　至　号共　　张

会计科目	总账页数	本期发生额	
		借方	贷方
库存现金			
银行存款			
其他货币资金			
应收账款			
预付账款			
其他应收款			
在途物资			
原材料			
库存商品			
周转材料			
固定资产			
累计折旧			
工程物资			
固定资产清理			
无形资产			
累计摊销			
待处理财产损溢			
短期借款			
应付票据			
应付账款			
预收账款			
其他应付款			
应付职工薪酬			
应交税费			
实收资本			
资本公积			
盈余公积			
本年利润			
生产成本			
制造费用			
主营业务收入			
营业外收入			
主营业务成本			
税金及附加			
销售费用			
管理费用			
财务费用			
营业外支出			
所得税费用			
合　计			

试　算　平　衡　表

＿＿＿＿年＿＿＿＿月

会计科目	期初余额		本期发生额		期末余额	
	借方金额	贷方金额	借方金额	贷方金额	借方金额	贷方金额
库存现金						
银行存款						
其他货币资金						
应收账款						
预付账款						
其他应收款						
在途物资						
原材料						
库存商品						
周转材料						
固定资产						
累计折旧						
工程物资						
固定资产清理						
无形资产						
累计摊销						
待处理财产损溢						
短期借款						
应付票据						
应付账款						
预收账款						
其他应付款						
应付职工薪酬						
应交税费						
实收资本						
资本公积						
盈余公积						
本年利润						
生产成本						
制造费用						
主营业务收入						
营业外收入						
主营业务成本						
税金及附加						
销售费用						
管理费用						
财务费用						
营业外支出						
所得税费用						
合　计						

试 算 平 衡 表

______年______月

会计科目	期初余额		本期发生额		期末余额	
	借方金额	贷方金额	借方金额	贷方金额	借方金额	贷方金额
库存现金						
银行存款						
其他货币资金						
应收账款						
预付账款						
其他应收款						
在途物资						
原材料						
库存商品						
周转材料						
固定资产						
累计折旧						
工程物资						
固定资产清理						
无形资产						
累计摊销						
待处理财产损溢						
短期借款						
应付票据						
应付账款						
预收账款						
其他应付款						
应付职工薪酬						
应交税费						
实收资本						
资本公积						
盈余公积						
本年利润						
生产成本						
制造费用						
主营业务收入						
营业外收入						
主营业务成本						
税金及附加						
销售费用						
管理费用						
财务费用						
营业外支出						
所得税费用						
合　计						

试 算 平 衡 表

________年________月

会计科目	期初余额		本期发生额		期末余额	
	借方金额	贷方金额	借方金额	贷方金额	借方金额	贷方金额
库存现金						
银行存款						
其他货币资金						
应收账款						
预付账款						
其他应收款						
在途物资						
原材料						
库存商品						
周转材料						
固定资产						
累计折旧						
工程物资						
固定资产清理						
无形资产						
累计摊销						
待处理财产损溢						
短期借款						
应付票据						
应付账款						
预收账款						
其他应付款						
应付职工薪酬						
应交税费						
实收资本						
资本公积						
盈余公积						
本年利润						
生产成本						
制造费用						
主营业务收入						
营业外收入						
主营业务成本						
税金及附加						
销售费用						
管理费用						
财务费用						
营业外支出						
所得税费用						
合计						

增值税纳税申报表

（一般纳税人适用）

根据国家税收法律法规及增值税相关规定制定本表。纳税人不论有无销售额，均应按税务机关核定的纳税期限填写本表，并向当地税务机关申报。

税款所属时间：自 年 月 日至 年 月 日 填表日期： 年 月 日 金额单位：元至角分

纳税人识别号 所属行业

纳税人名称	（公章）	法定代表人姓名		注册地址		生产经营地址	
开户银行及账号		登记注册类型				电话号码	

	项目	栏次	一般项目		即征即退项目	
			本月数	本年累计	本月数	本年累计
销售额	（一）按适用税率计税销售额	1				
	其中：应税货物销售额	2				
	应税劳务销售额	3				
	纳税检查调整的销售额	4				
	（二）按简易办法计税销售额	5				
	其中：纳税检查调整的销售额	6				
	（三）免、抵、退办法出口销售额	7			—	—
	（四）免税销售额	8			—	—
	其中：免税货物销售额	9			—	—
	免税劳务销售额	10			—	—
税款计算	销项税额	11				
	进项税额	12				
	上期留抵税额	13				—
	进项税额转出	14				
	免、抵、退应退税额	15			—	—
	按适用税率计算的纳税检查应补缴税额	16			—	—
	应抵扣税额合计	17=12+13-14-15+16		—		—
	实际抵扣税额	18（如17<11，则为17，否则为11）				
	应纳税额	19=11-18				
	期末留抵税额	20=17-18				—
	简易计税办法计算的应纳税额	21				
	按简易计税办法计算的纳税检查应补缴税额	22			—	—
	应纳税额减征额	23				
	应纳税额合计	24=19+21-23				
税款缴纳	期初未缴税额（多缴为负数）	25				
	实收出口开具专用缴款书退税额	26			—	—
	本期已缴税额	27=28+29+30+31				
	①分次预缴税额	28		—		—
	②出口开具专用缴款书预缴税额	29		—	—	—
	③本期缴纳上期应纳税额	30				
	④本期缴纳欠缴税额	31				
	期末未缴税额（多缴为负数）	32=24+25+26-27				
	其中：欠缴税额（≥0）	33=25+26-27		—		—
	本期应补（退）税额	34=24-28-29		—		—
	即征即退实际退税额	35	—	—		
	期初未缴查补税额	36			—	—
	本期入库查补税额	37			—	—
	期末未缴查补税额	38=16+22+36-37			—	—

授权声明	如果你已委托代理人申报，请填写下列资料： 为代理一切税务事宜，现授权 （地址） 为本纳税人的代理申报人，任何与本申报表有关的往来文件，都可寄予此人。 授权人签字：	申报人声明	本纳税申报表是根据国家税收法律法规及相关规定填报的，我确定它是真实的、可靠的、完整的。 声明人签字：

主管税务机关： 接收人： 接收日期：

资产负债表

会小企01表

编制单位：　　　　　　　　年　月　日　　　　　　　　单位：元

资　产	期末余额	年初余额	负债和所有者权益	期末余额	年初余额
流动资产：		略	流动负债：		略
货币资金			短期借款		
短期投资			应付票据		
应收票据			应付账款		
应收账款			预收账款		
预付账款			应付职工薪酬		
应收股利			应交税费		
应收利息			应付利息		
其他应收款			应付利润		
存货			其他应付款		
其中：原材料			其他流动负债		
在产品			流动负债合计		
库存商品			非流动负债：		
周转材料			长期借款		
其他流动资产			长期应付款		
流动资产合计			递延收益		
非流动资产：			其他非流动负债		
长期债券投资			非流动负债合计		
长期股权投资			负债合计		
固定资产原价					
减：累计折旧					
固定资产账面价值					
在建工程					
工程物资					
固定资产清理					
生产性生物资产			所有者权益（或股东权益）：		
无形资产			实收资本（或股本）		
开发支出			资本公积		
长期待摊费用			盈余公积		
其他非流动资产			未分配利润		
非流动资产合计			所有者权益（或股东权益）合计		
资产总计			负债和所有者权益（或股东权益）总计		

利润表

会小企02表

编制单位：　　　　　　　　　　　　年　月　日　　　　　　　　　　　单位：元

项　　目	本年累计金额	本月金额
一、营业收入	略	
减：营业成本		
税金及附加		
其中：消费税		
城市维护建设税		
资源税		
土地增值税		
城镇土地使用税、房产税、车船税、印花税		
教育费附加、矿产资源补偿费、排污费		
销售费用		
其中：商品维修费		
广告费和业务宣传费		
管理费用		
其中：开办费		
业务招待费		
研究费用		
财务费用		
其中：利息费用（收入以“-”号填列）		
加：投资收益（损失以“-”号填列）		
二、营业利润（亏损以“-”号填列）		
加：营业外收入		
其中：政府补助		
减：营业外支出		
其中：坏账损失		
无法收回的长期债券投资损失		
无法收回的长期股权投资损失		
自然灾害等不可抗力因素造成的损失		
税收滞纳金		
三、利润总额（亏损总额以“-”号填列）		
减：所得税费用		
四、净利润（净亏损以“-”号填列）		